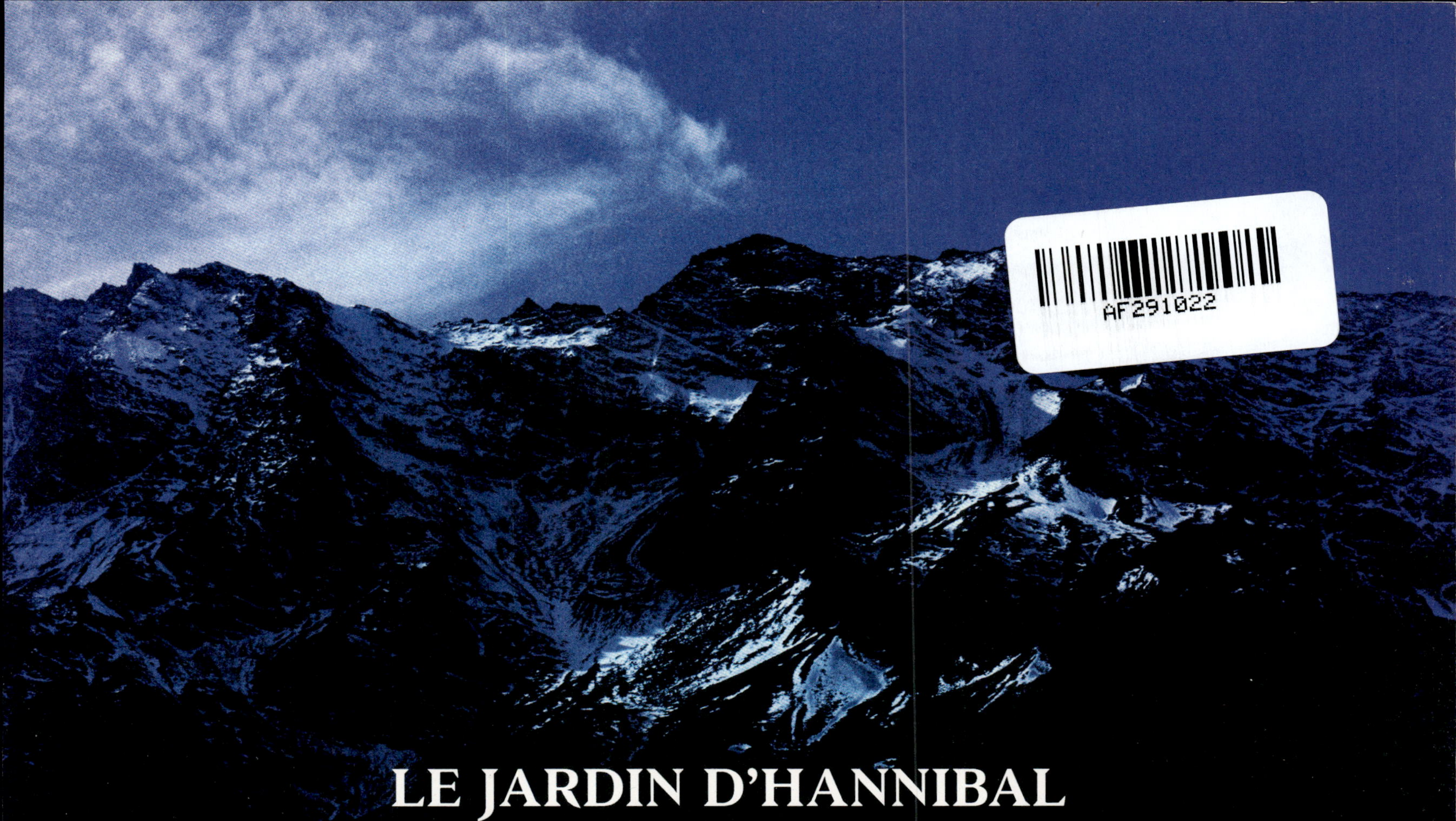

LE JARDIN D'HANNIBAL

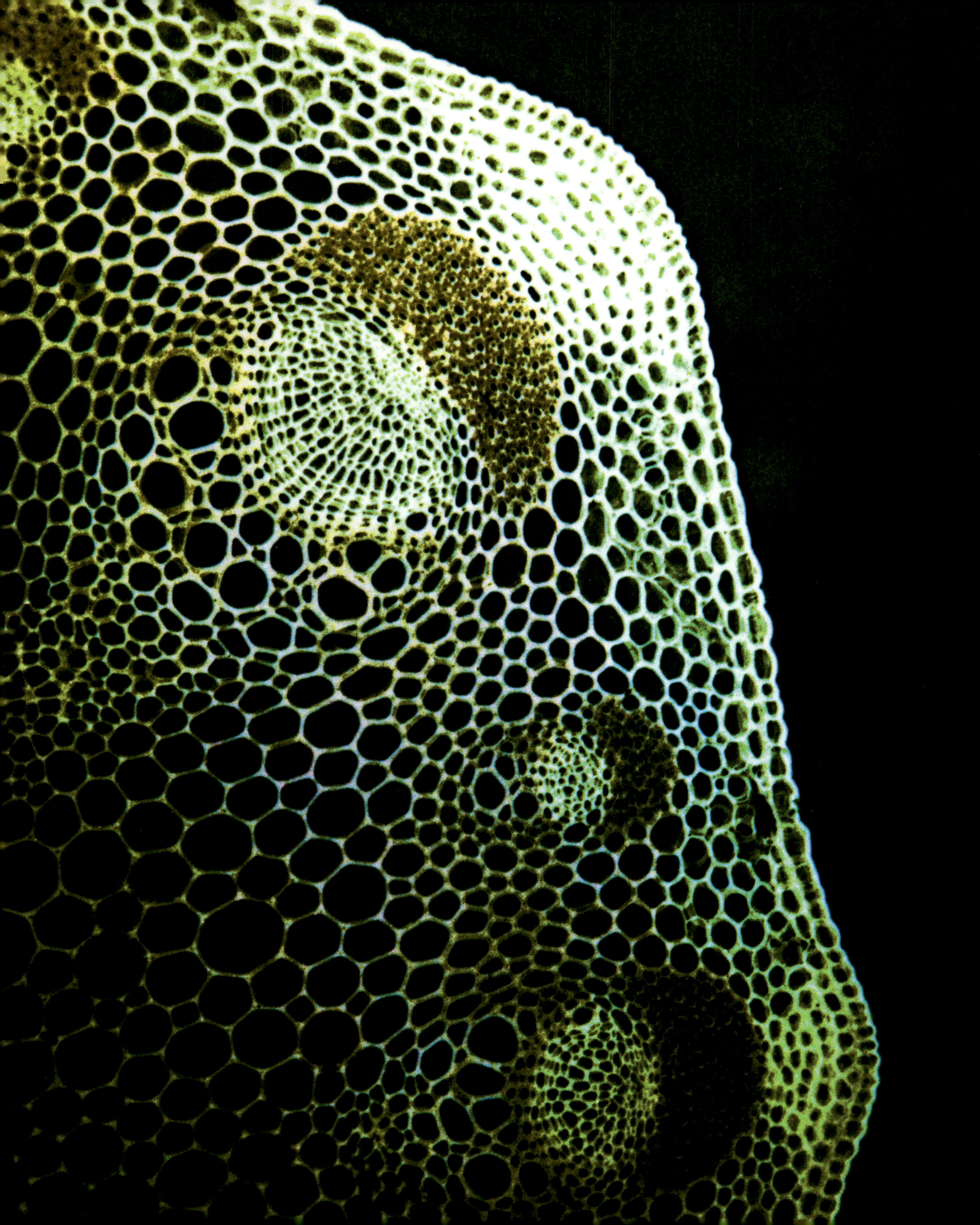

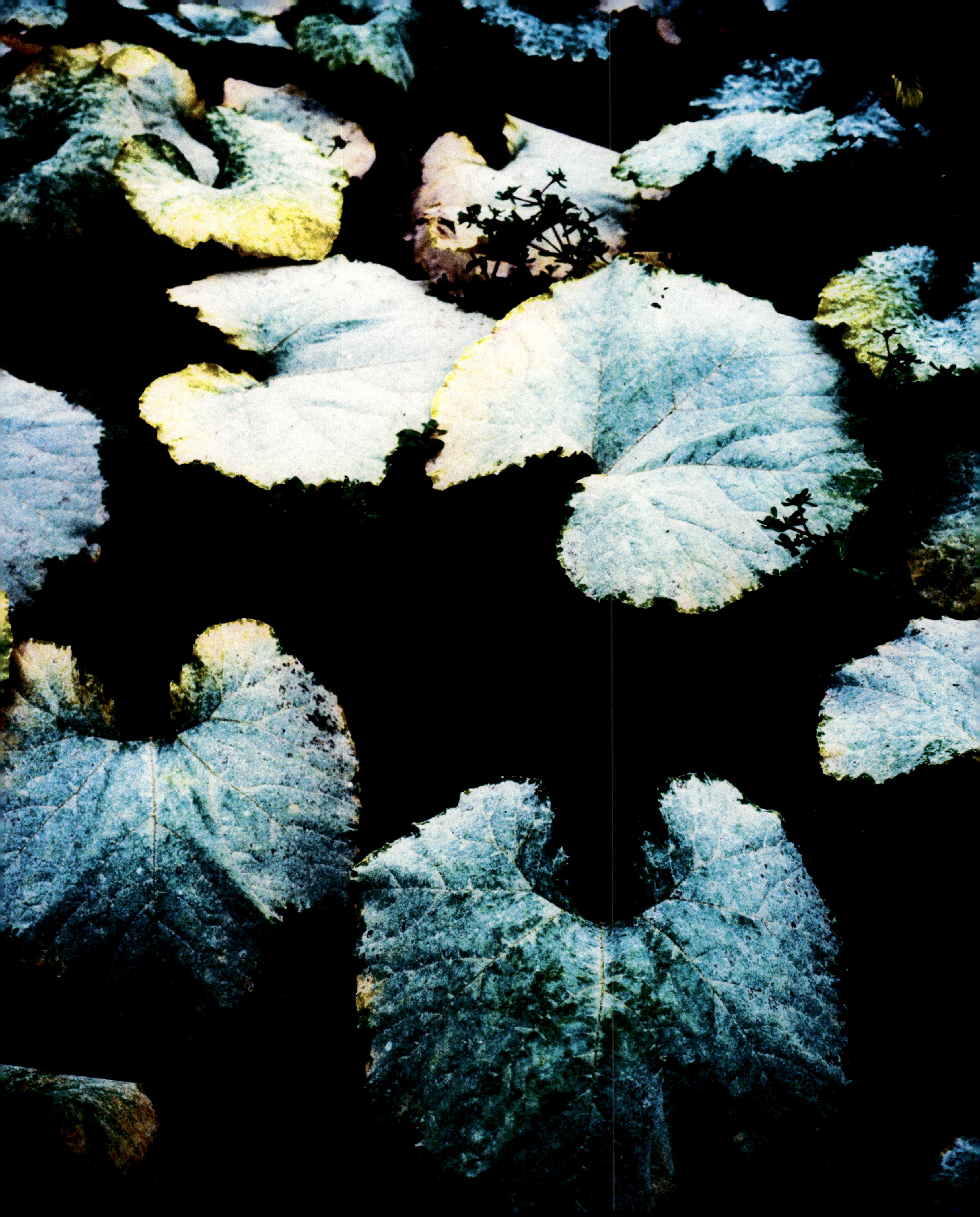

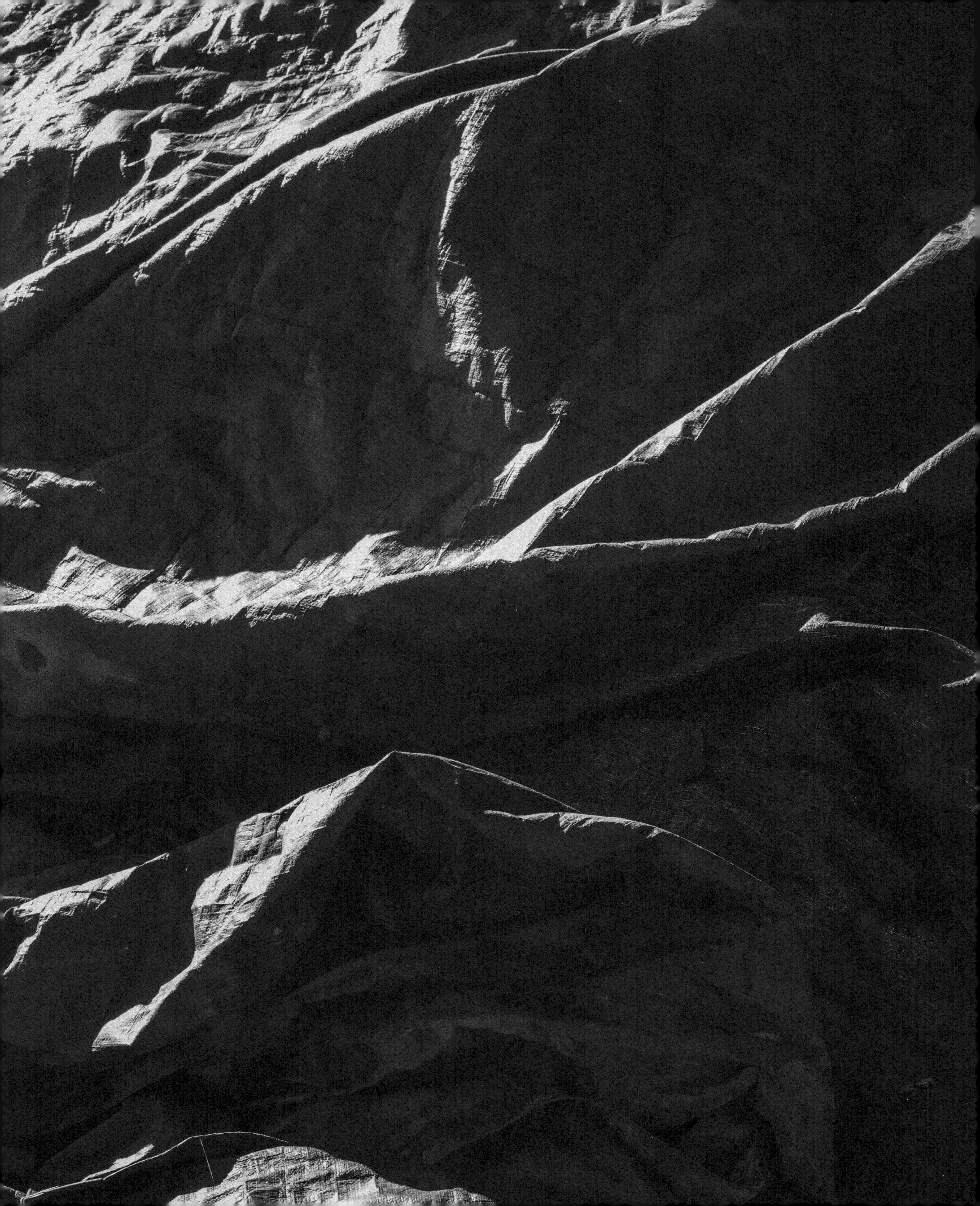

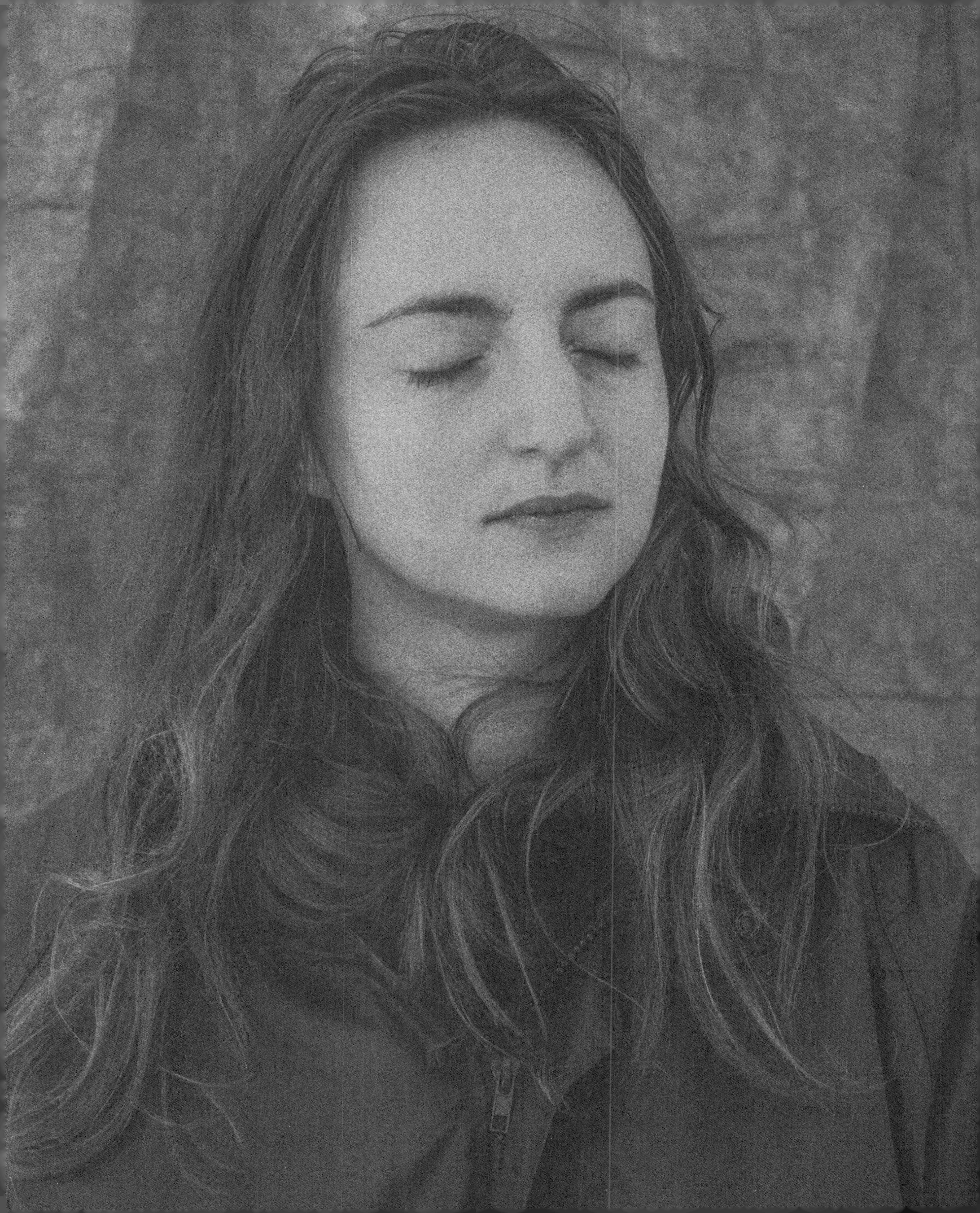

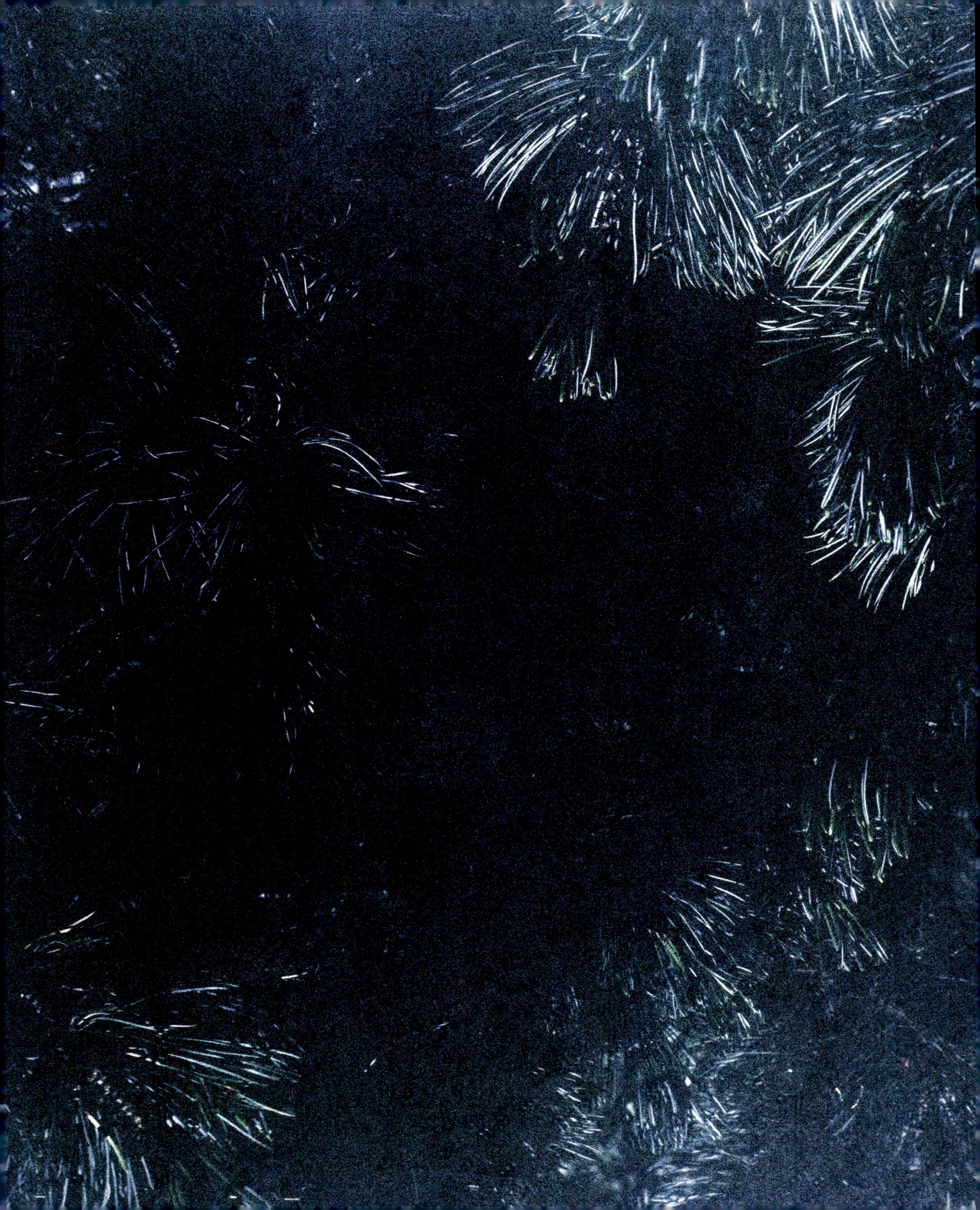

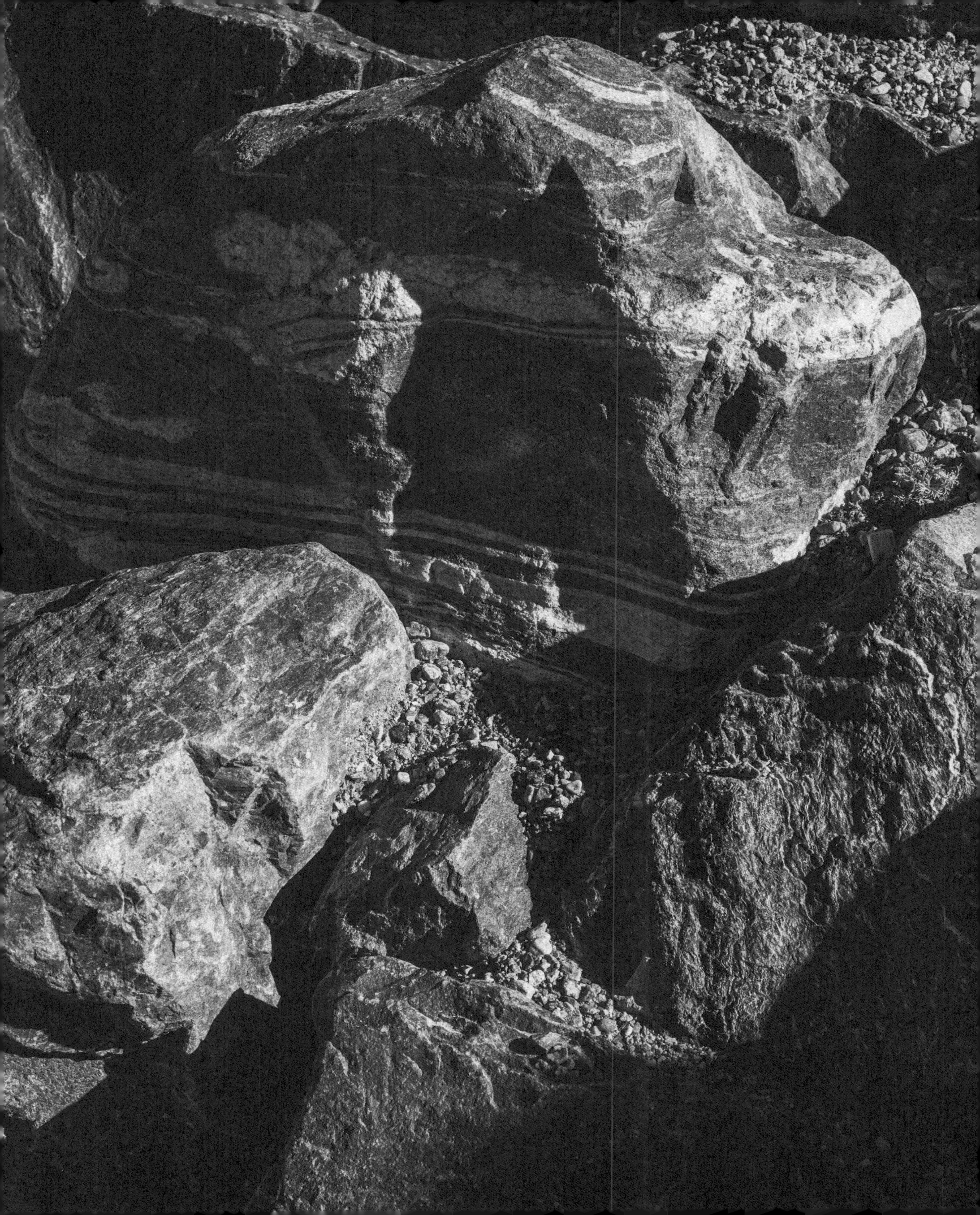

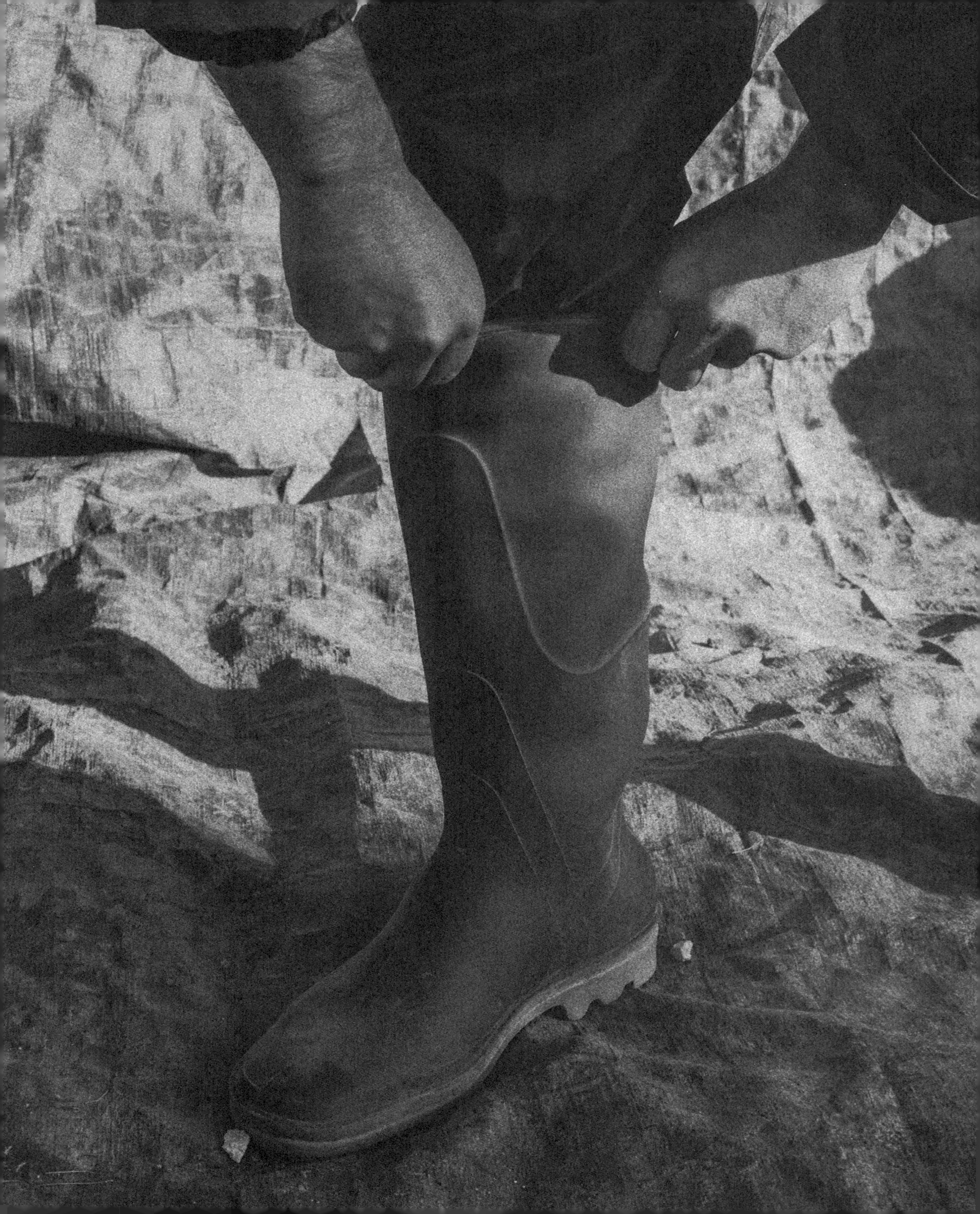

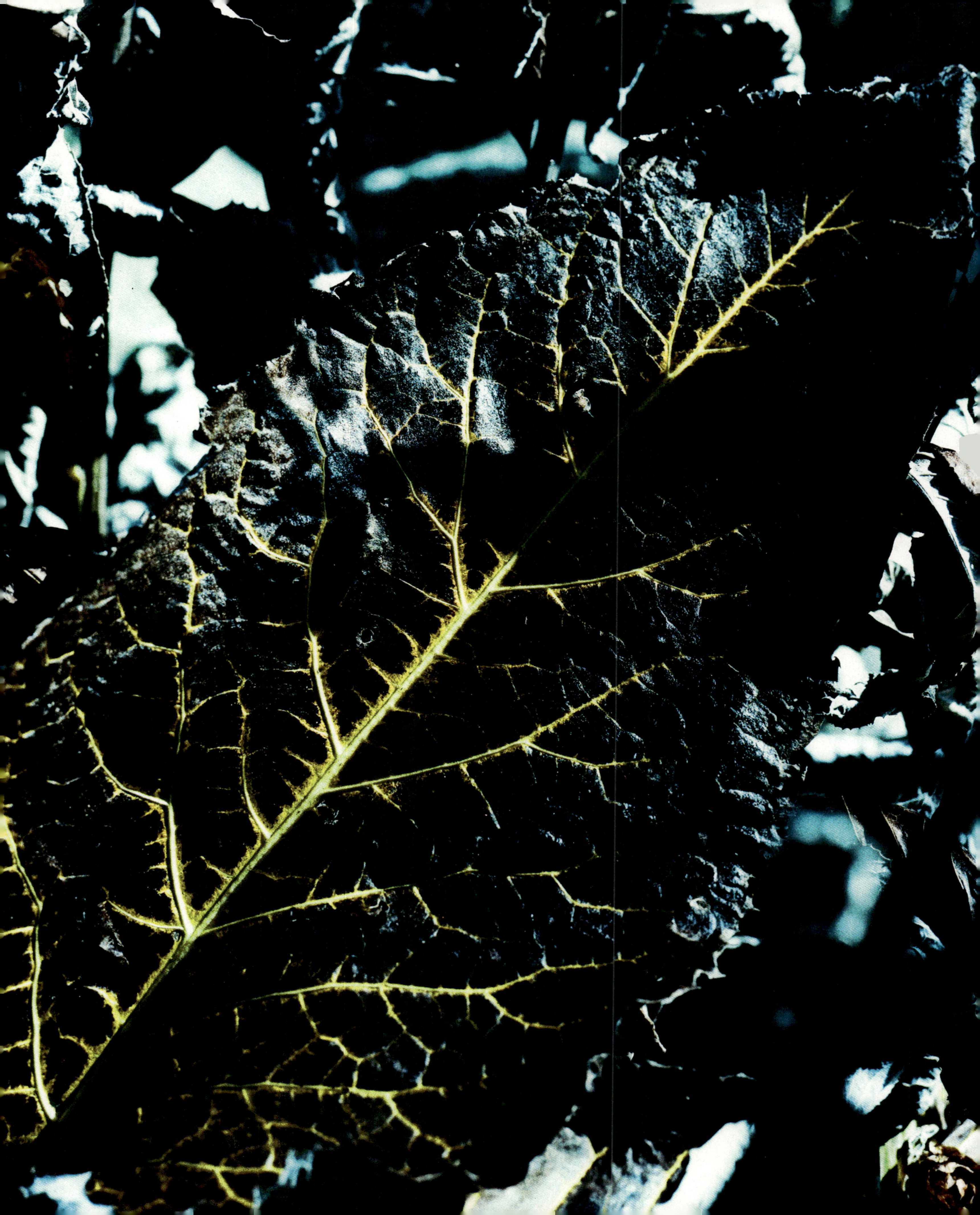

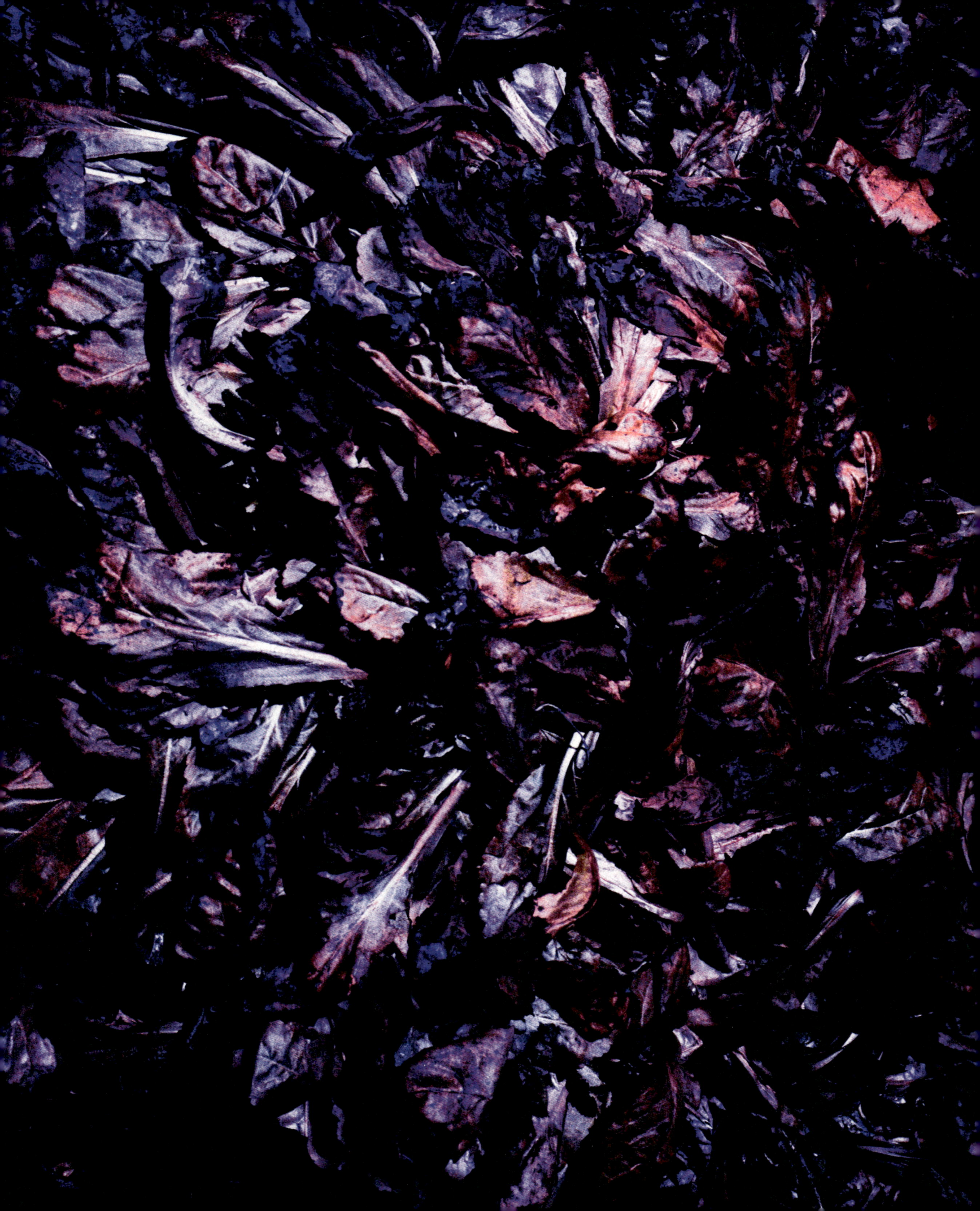

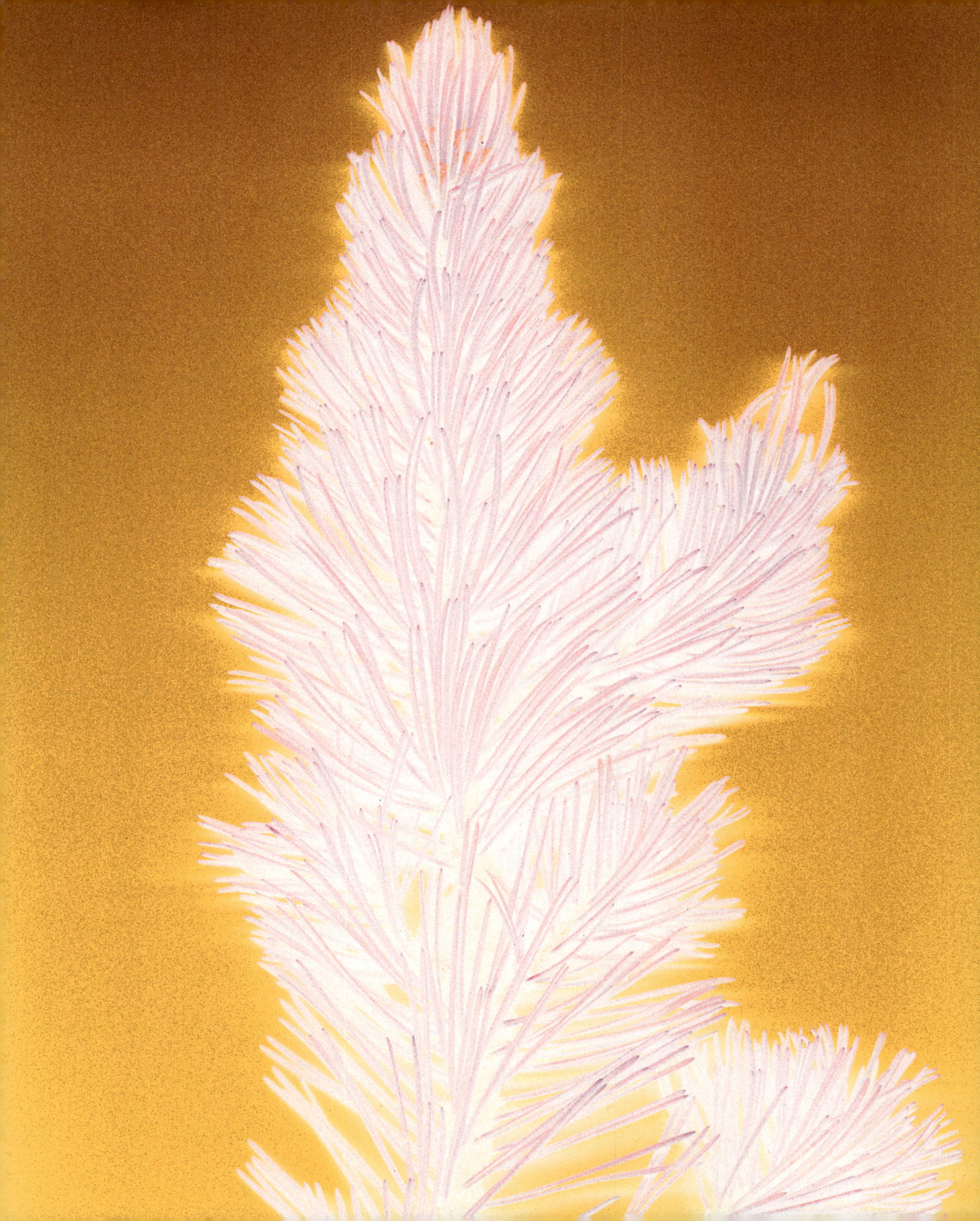

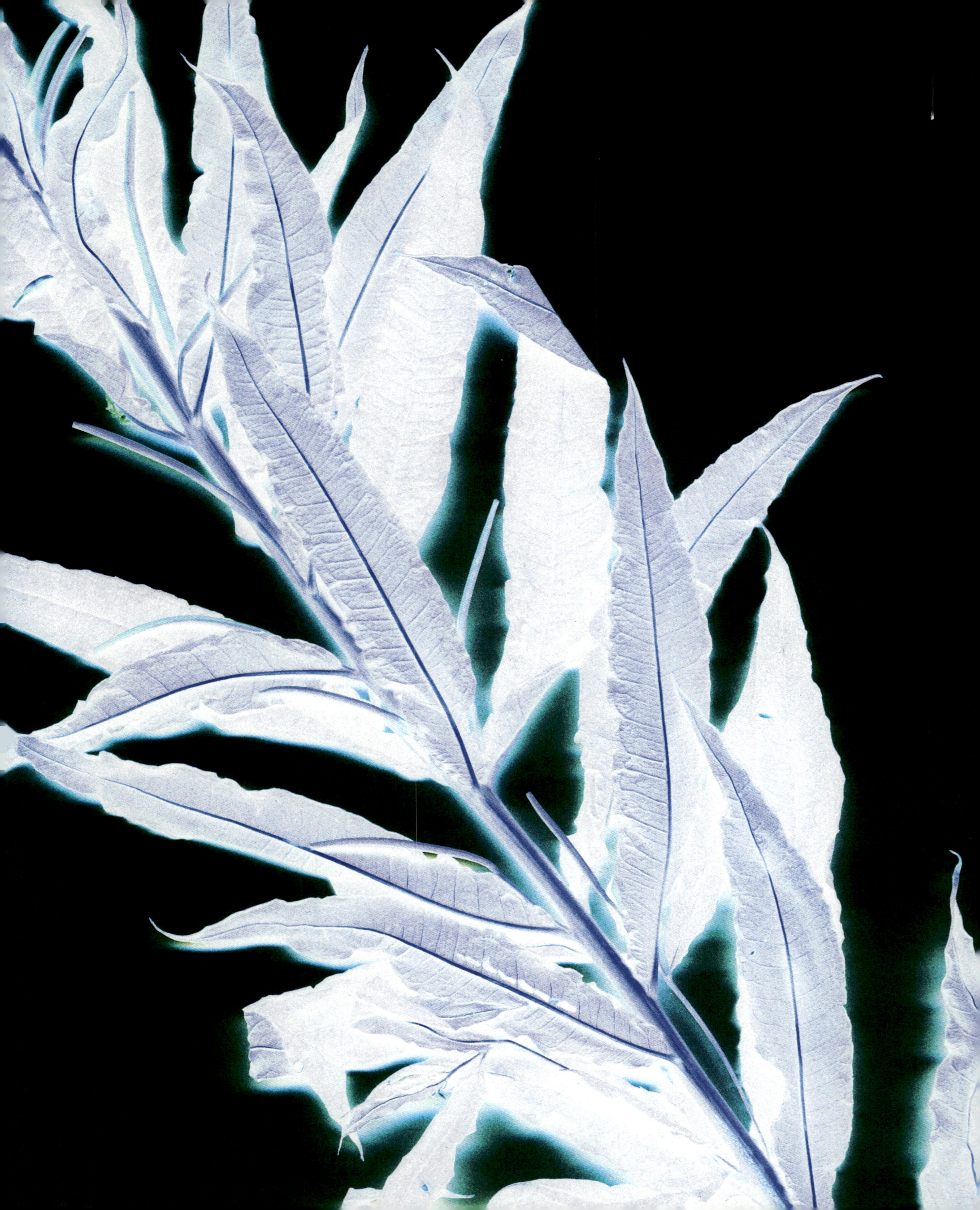

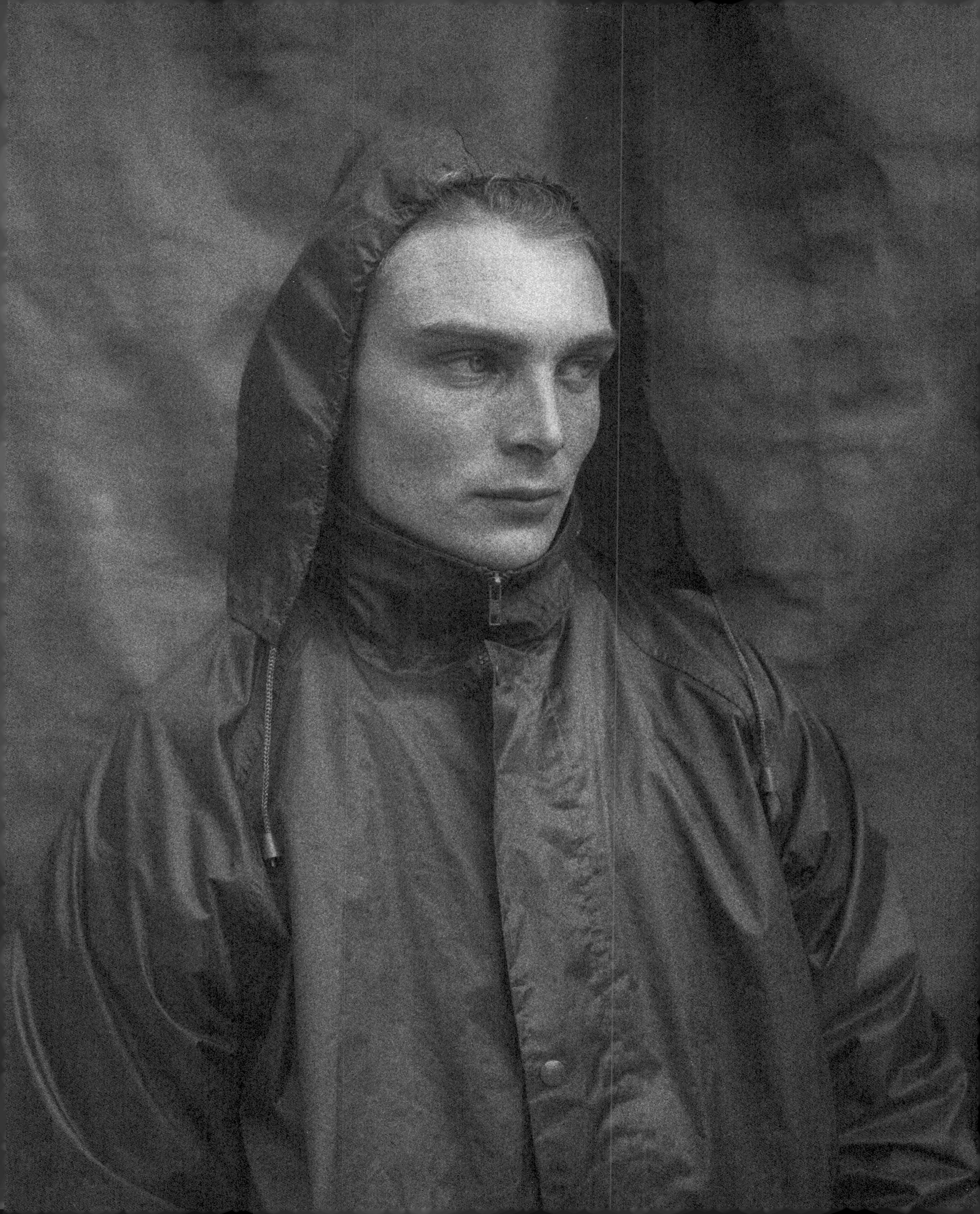

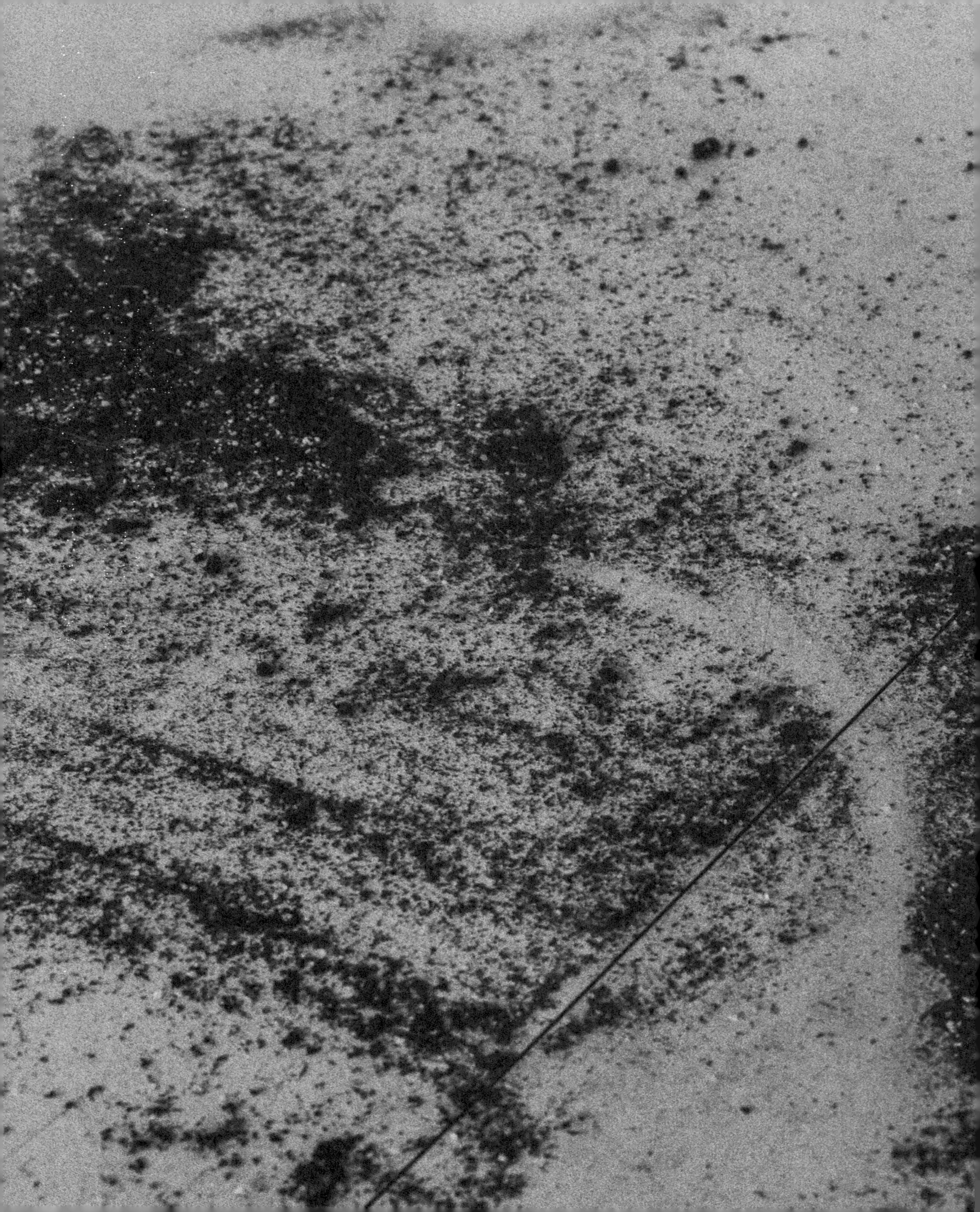

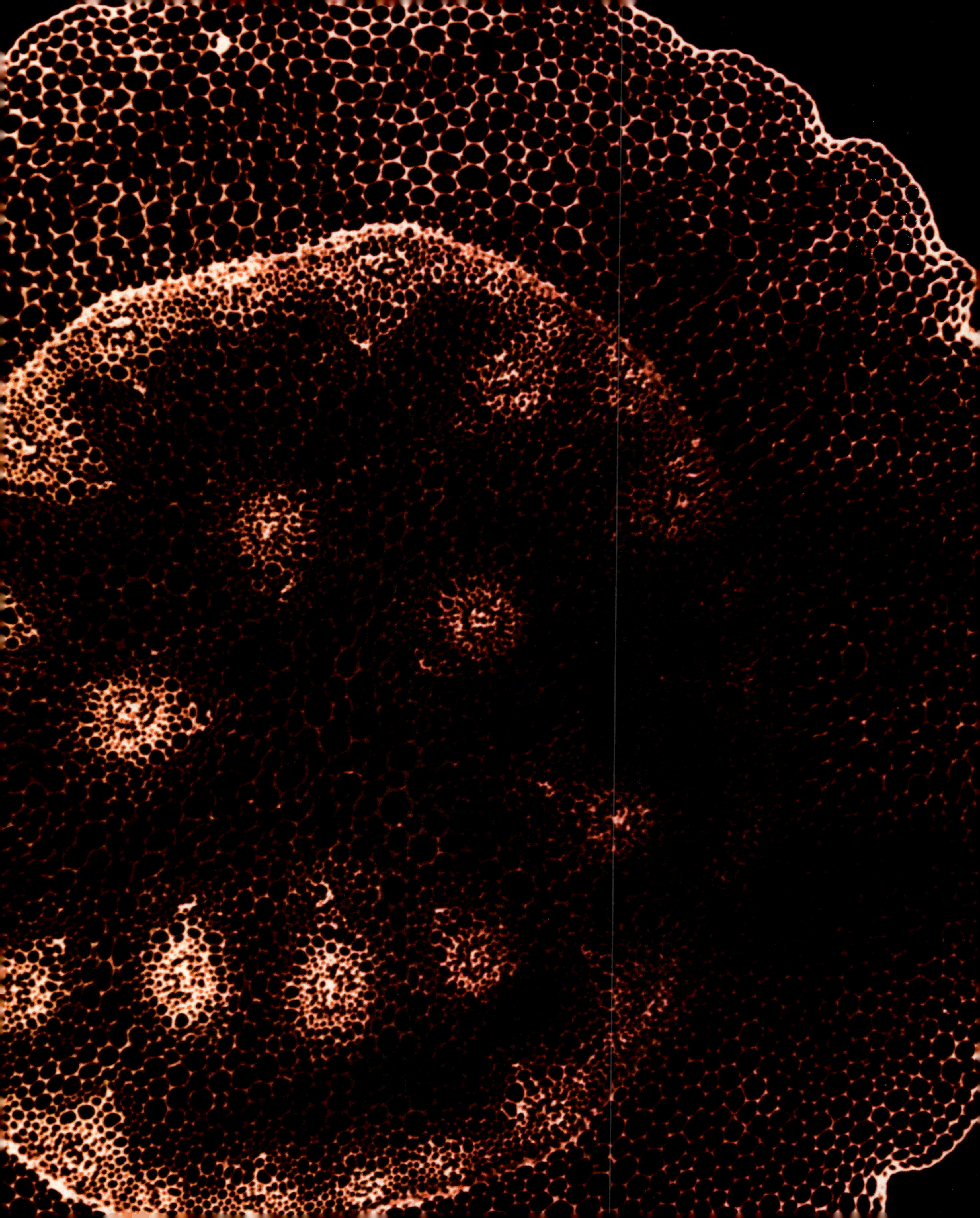

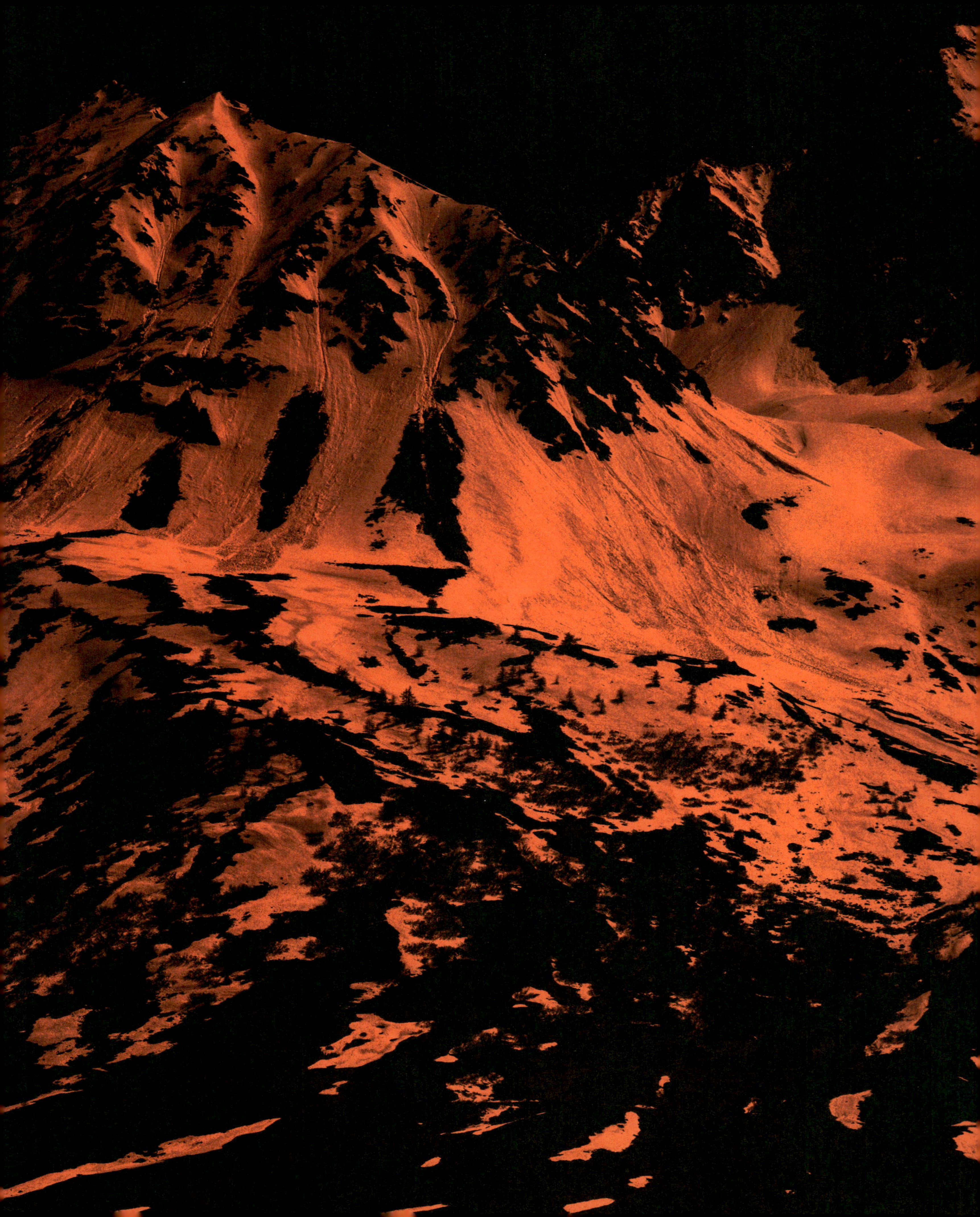

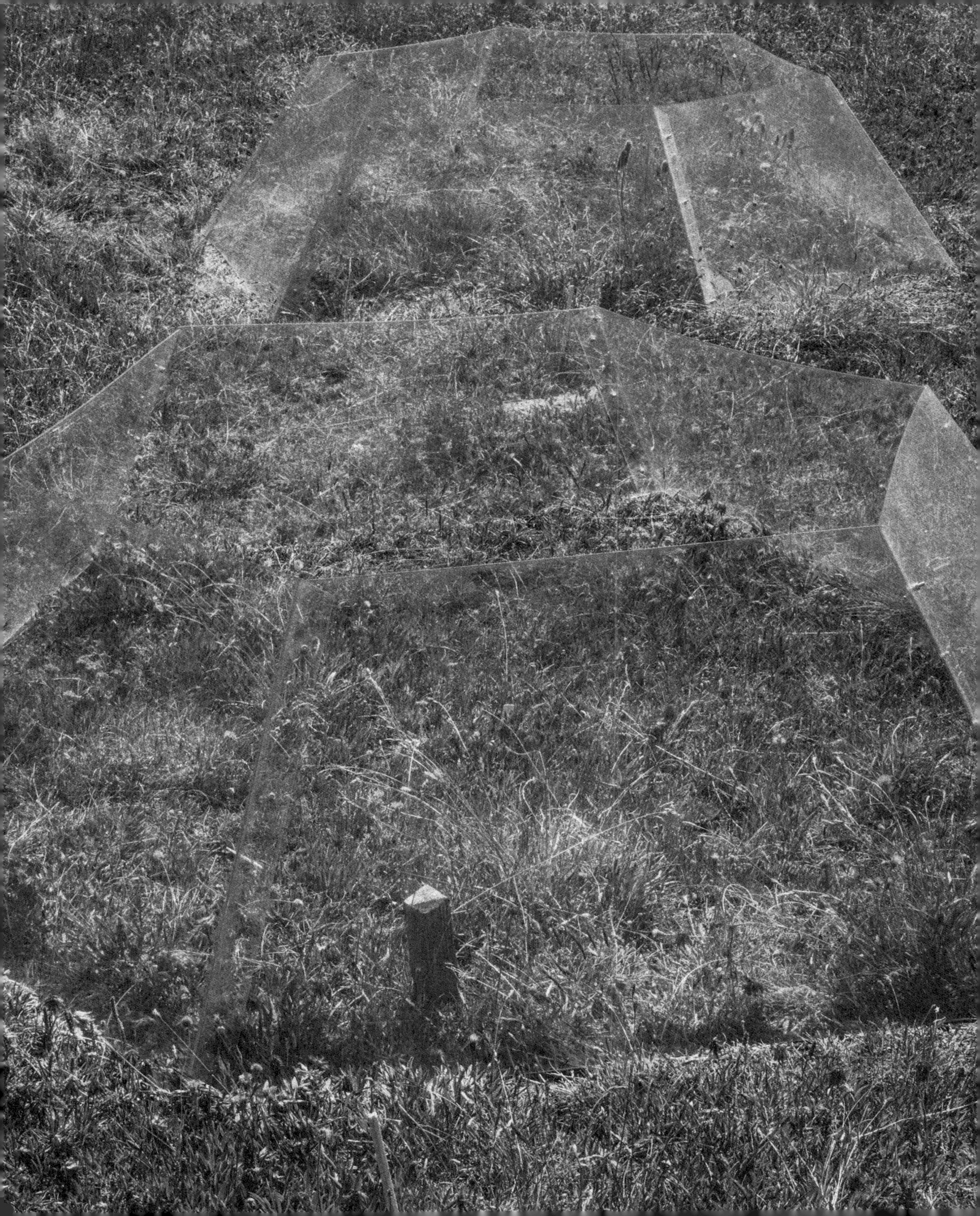

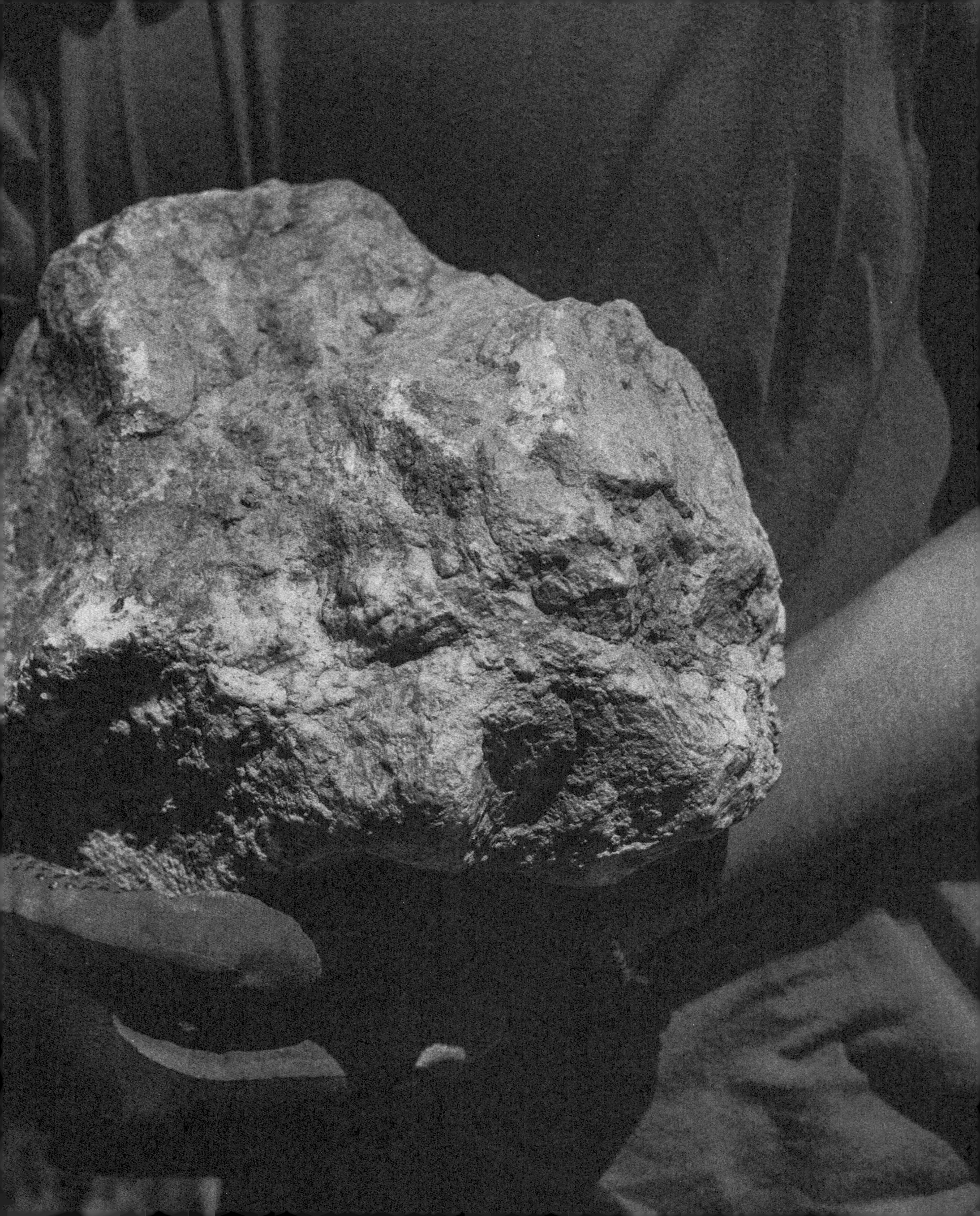

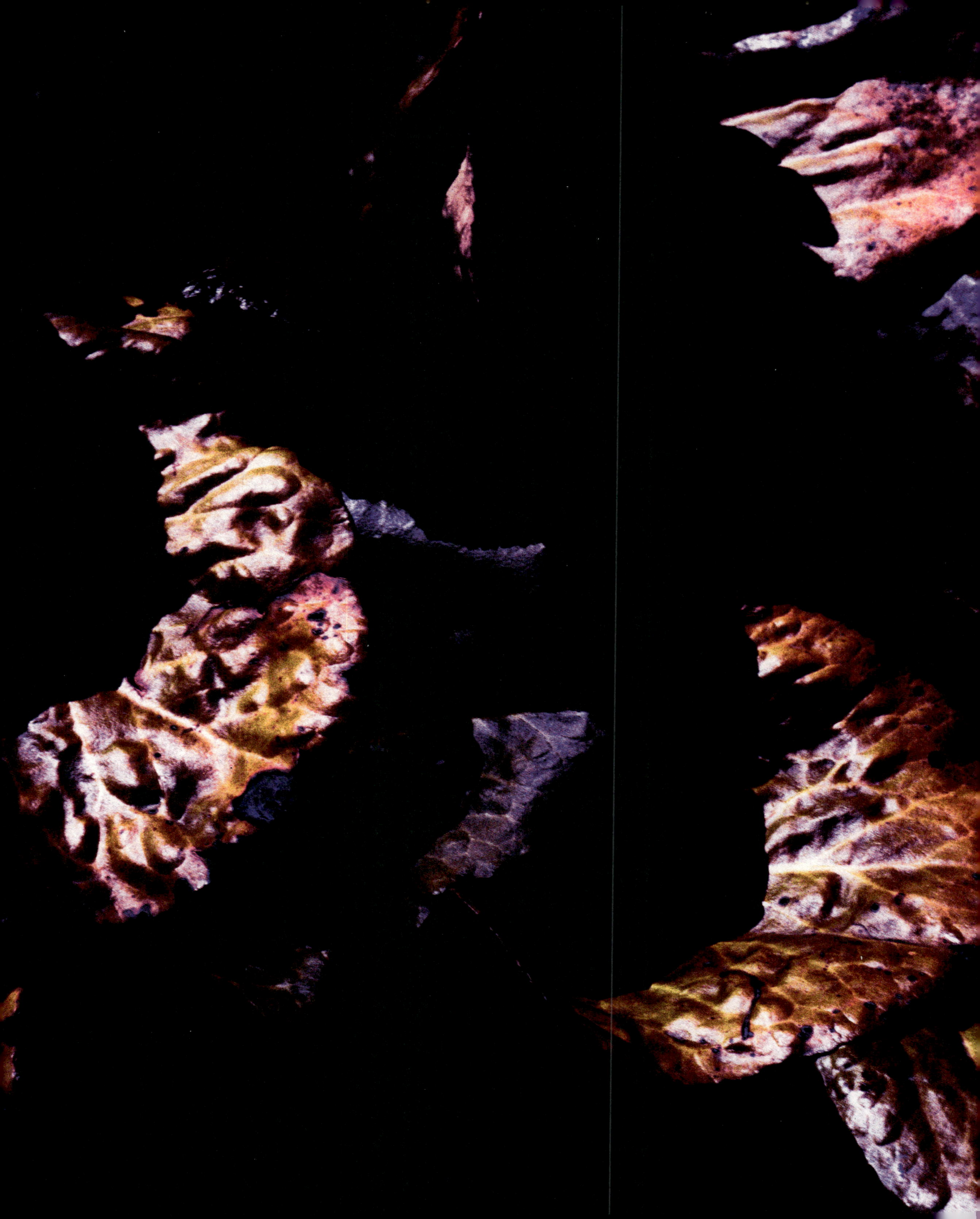

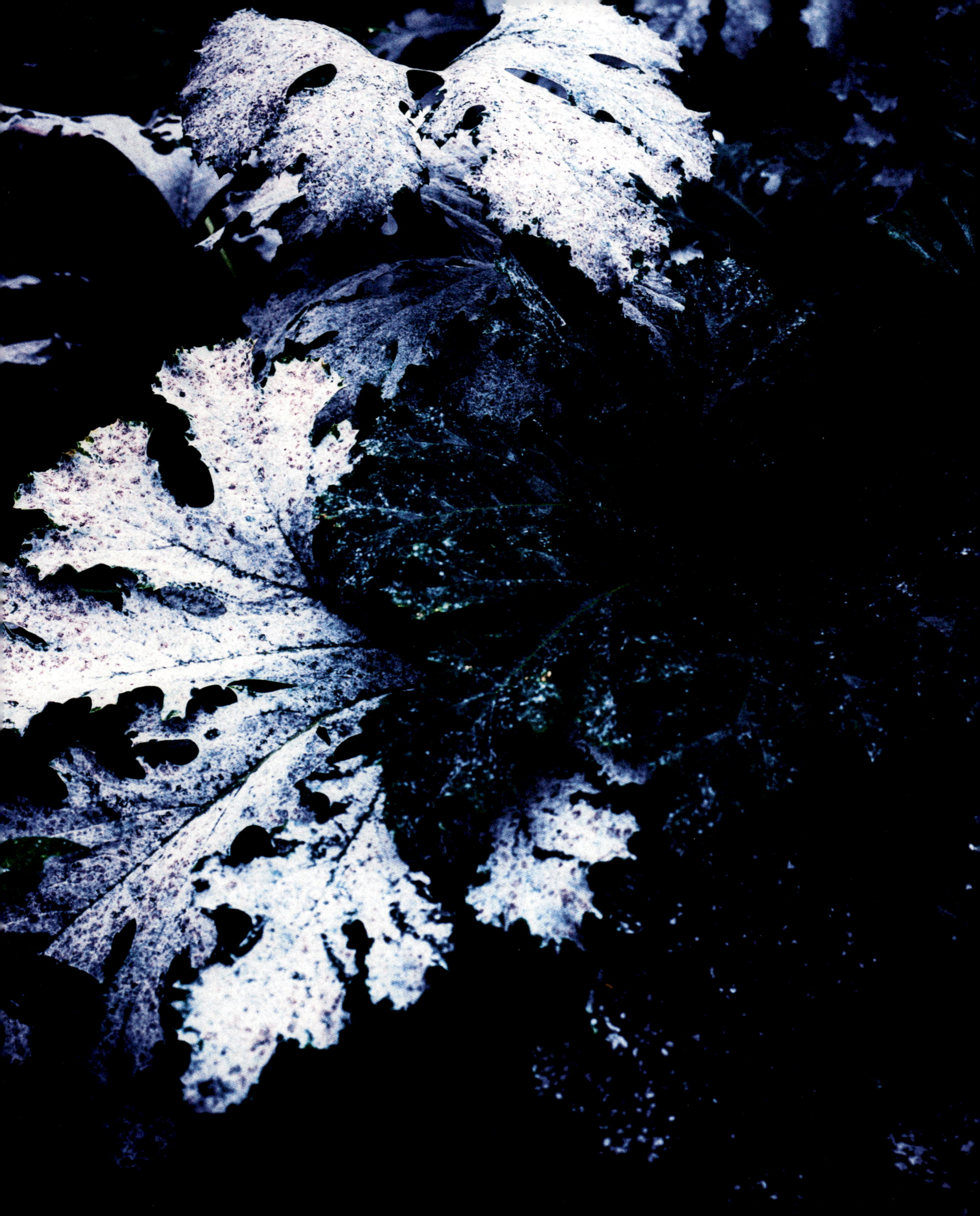

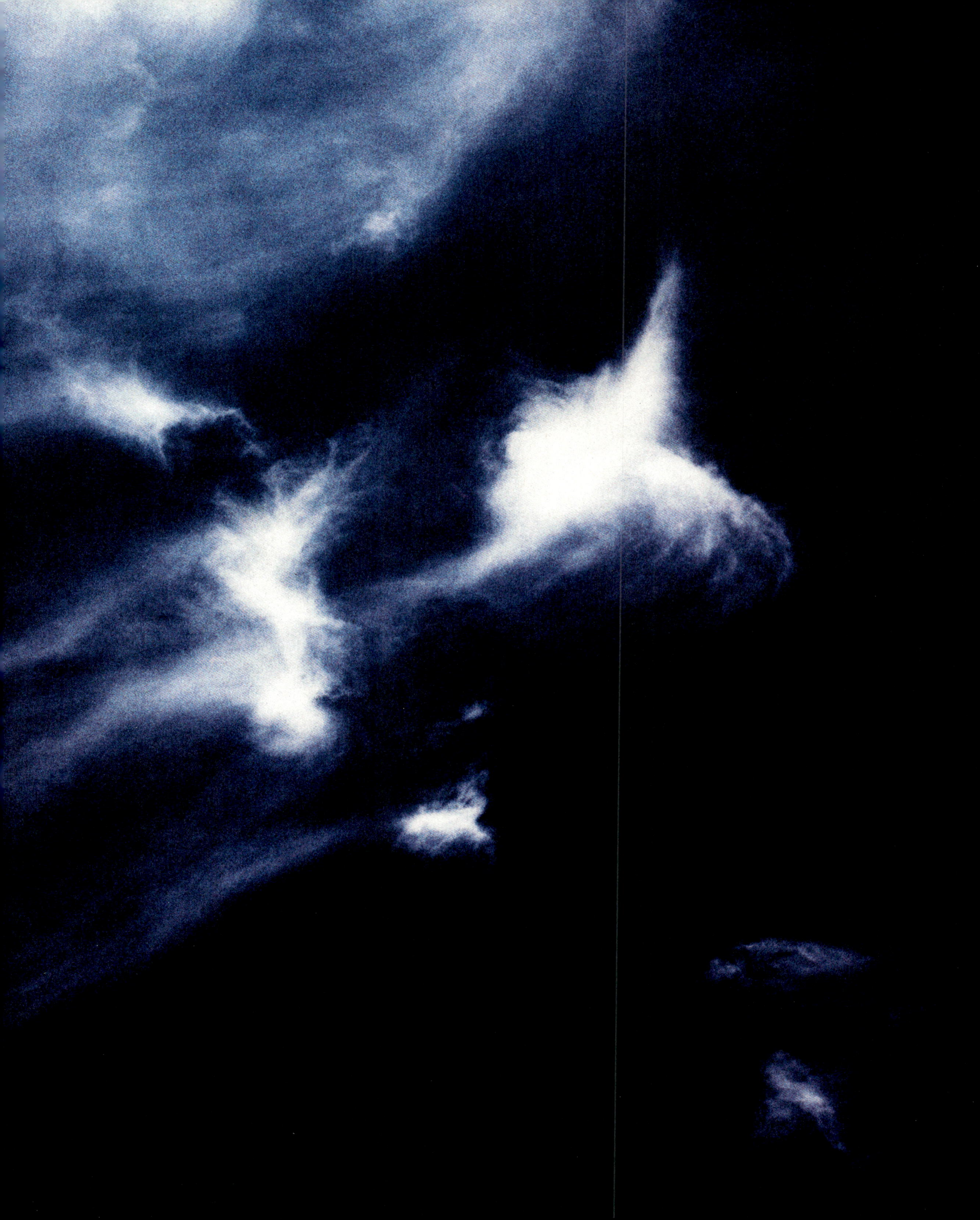

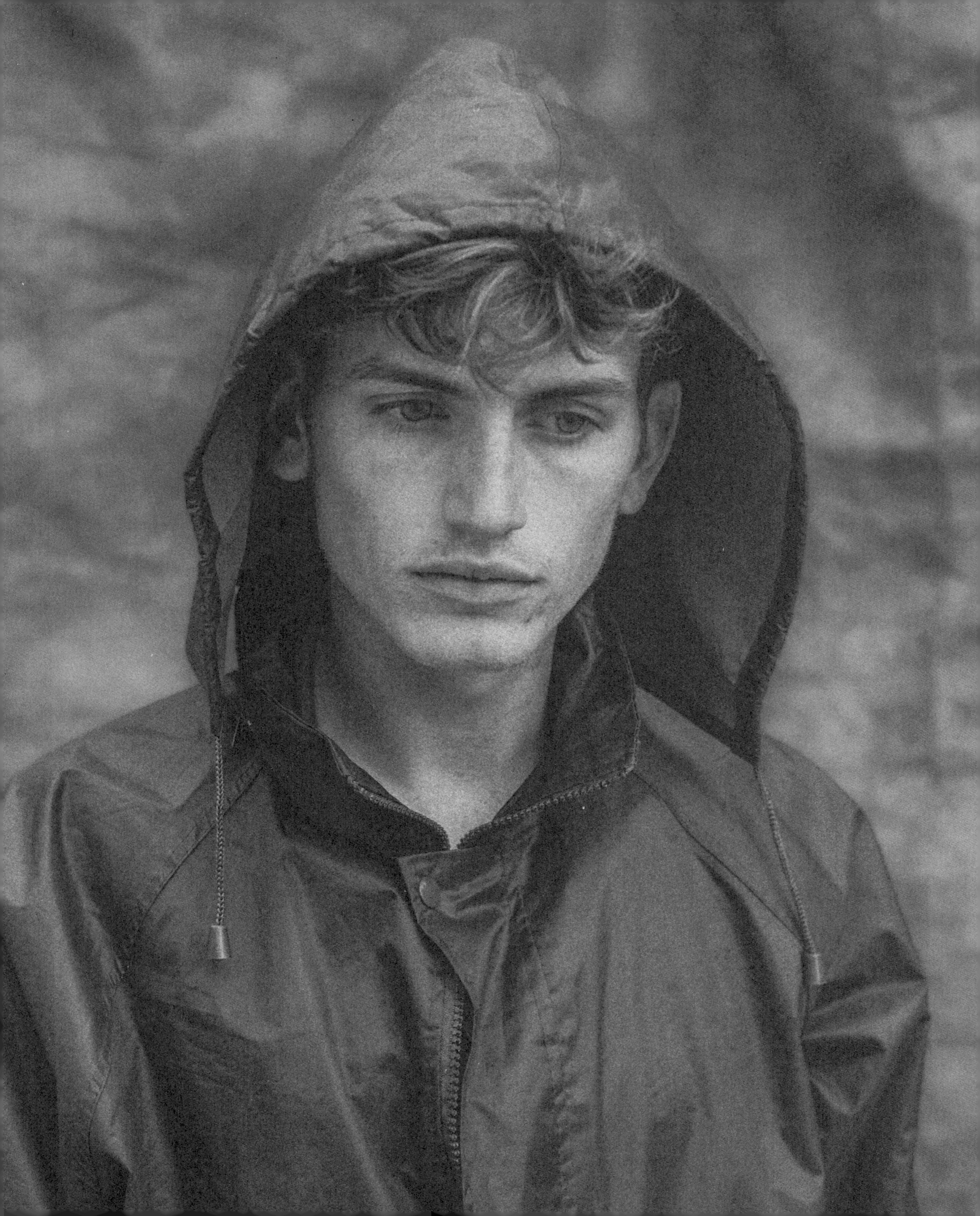

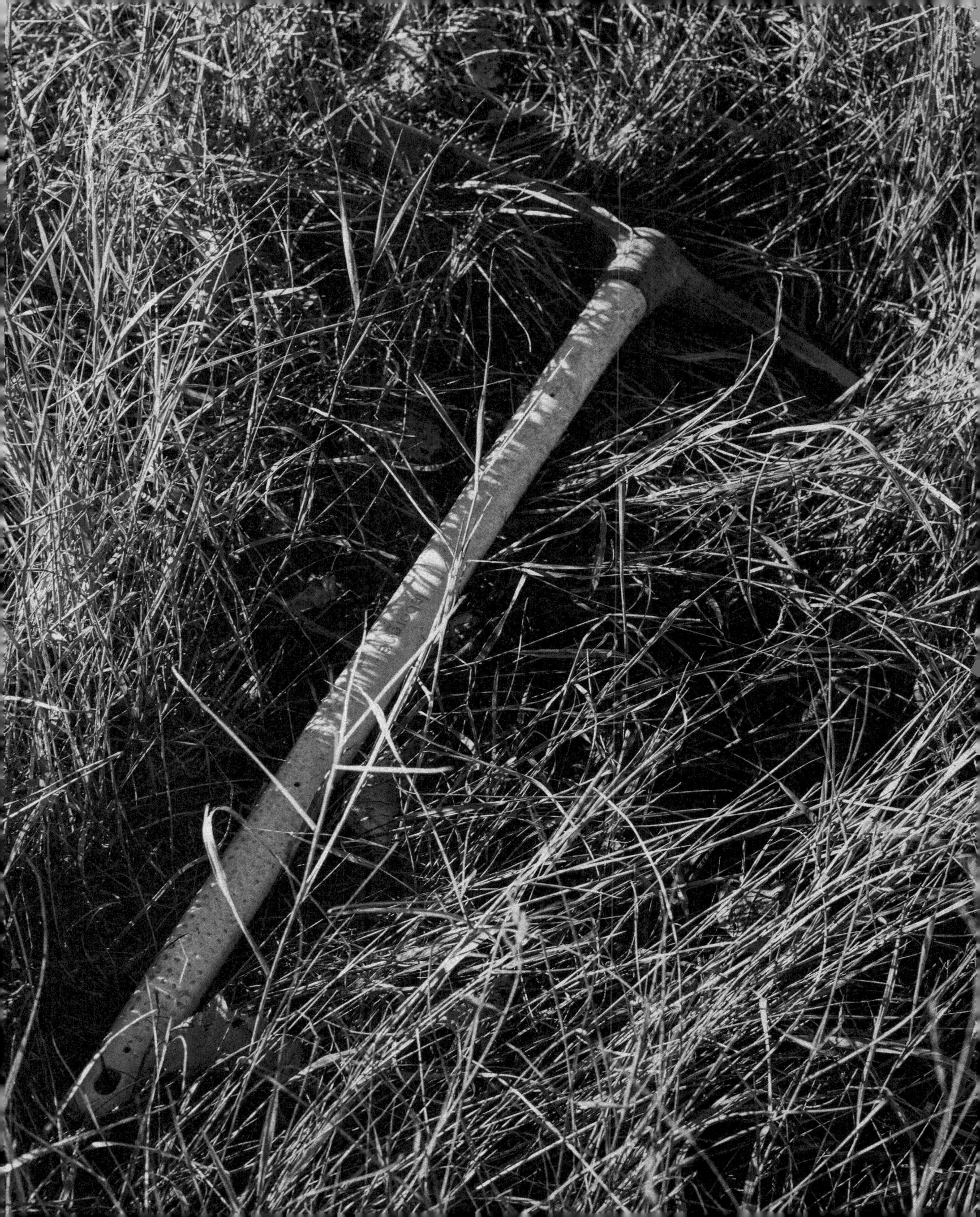

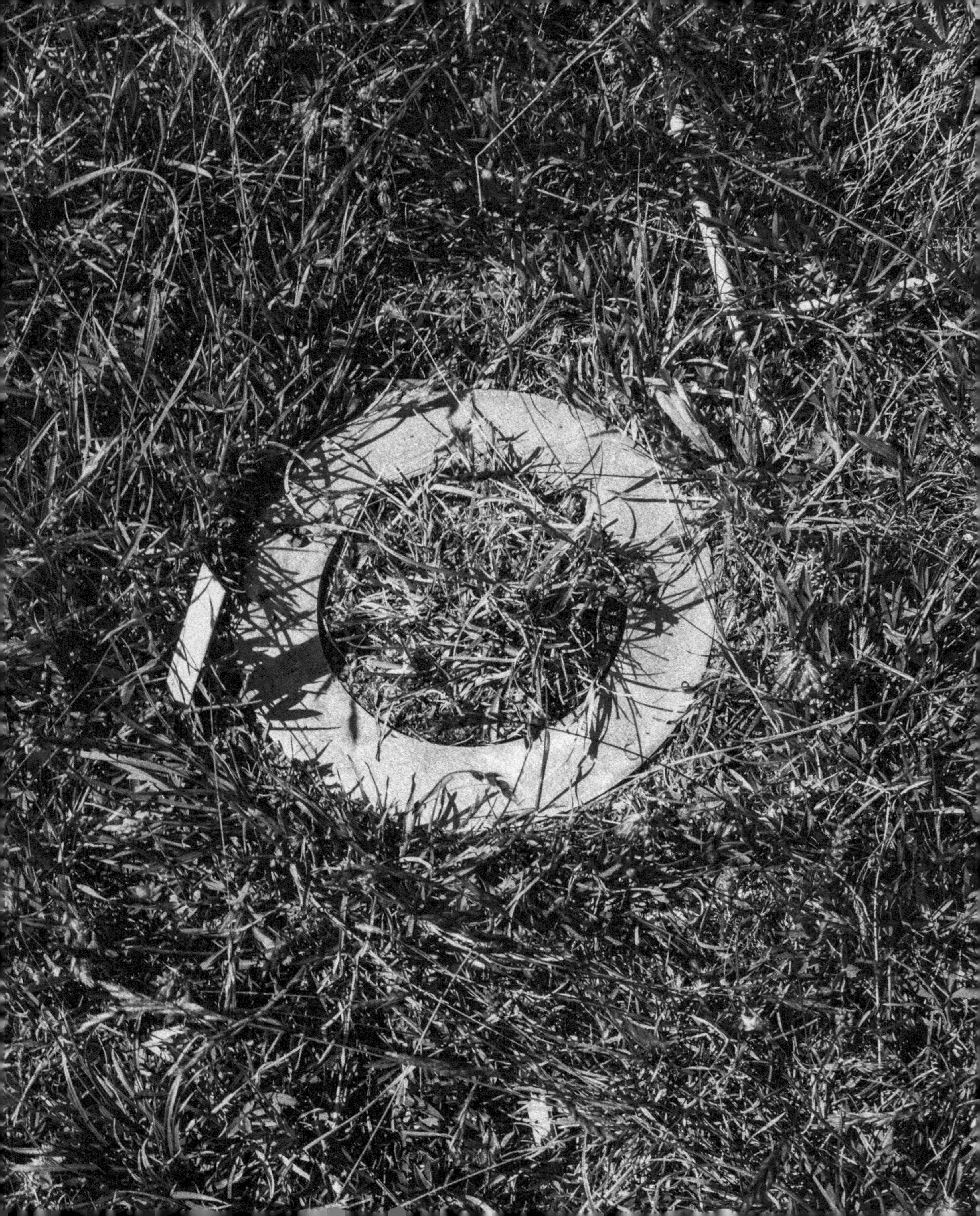

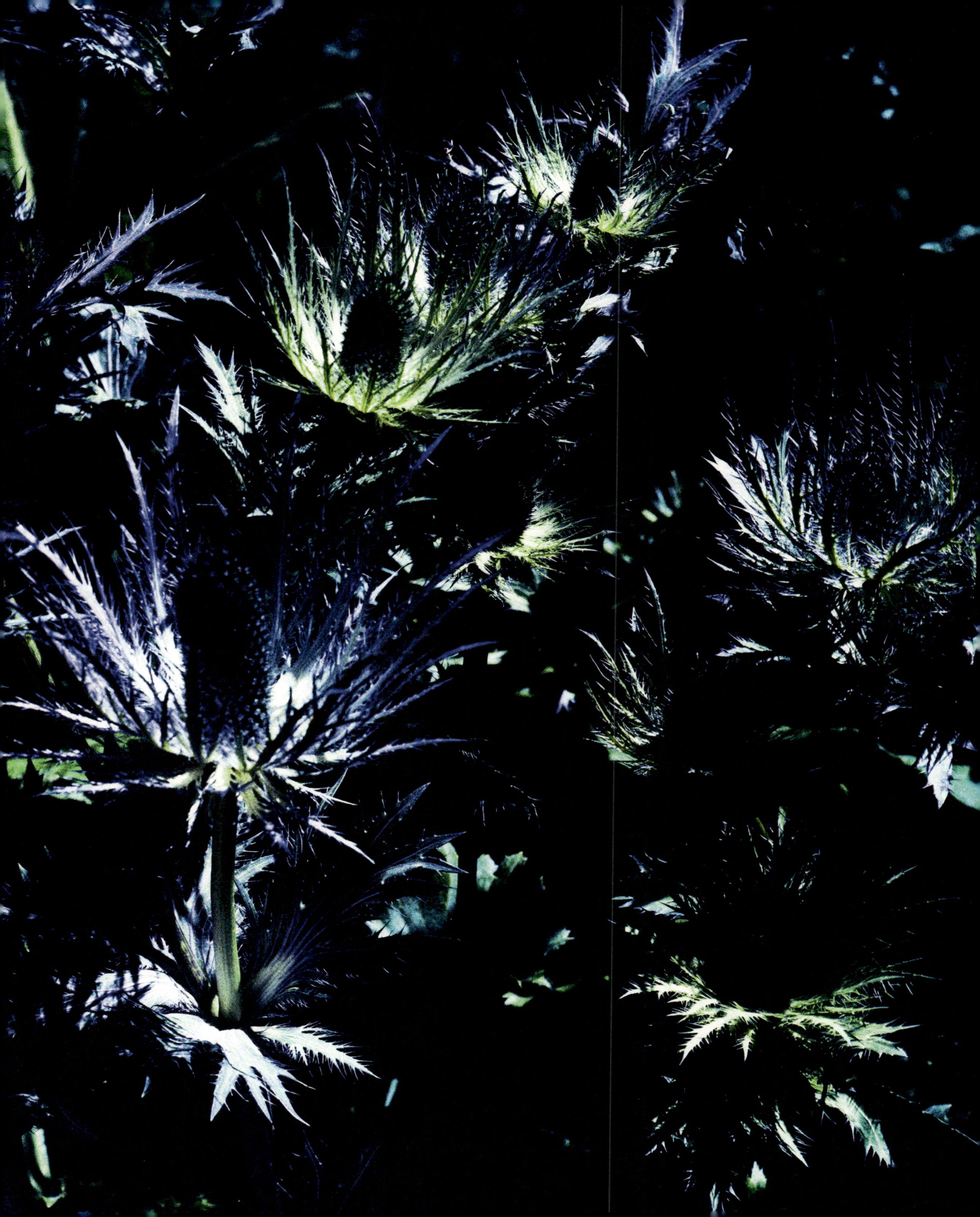

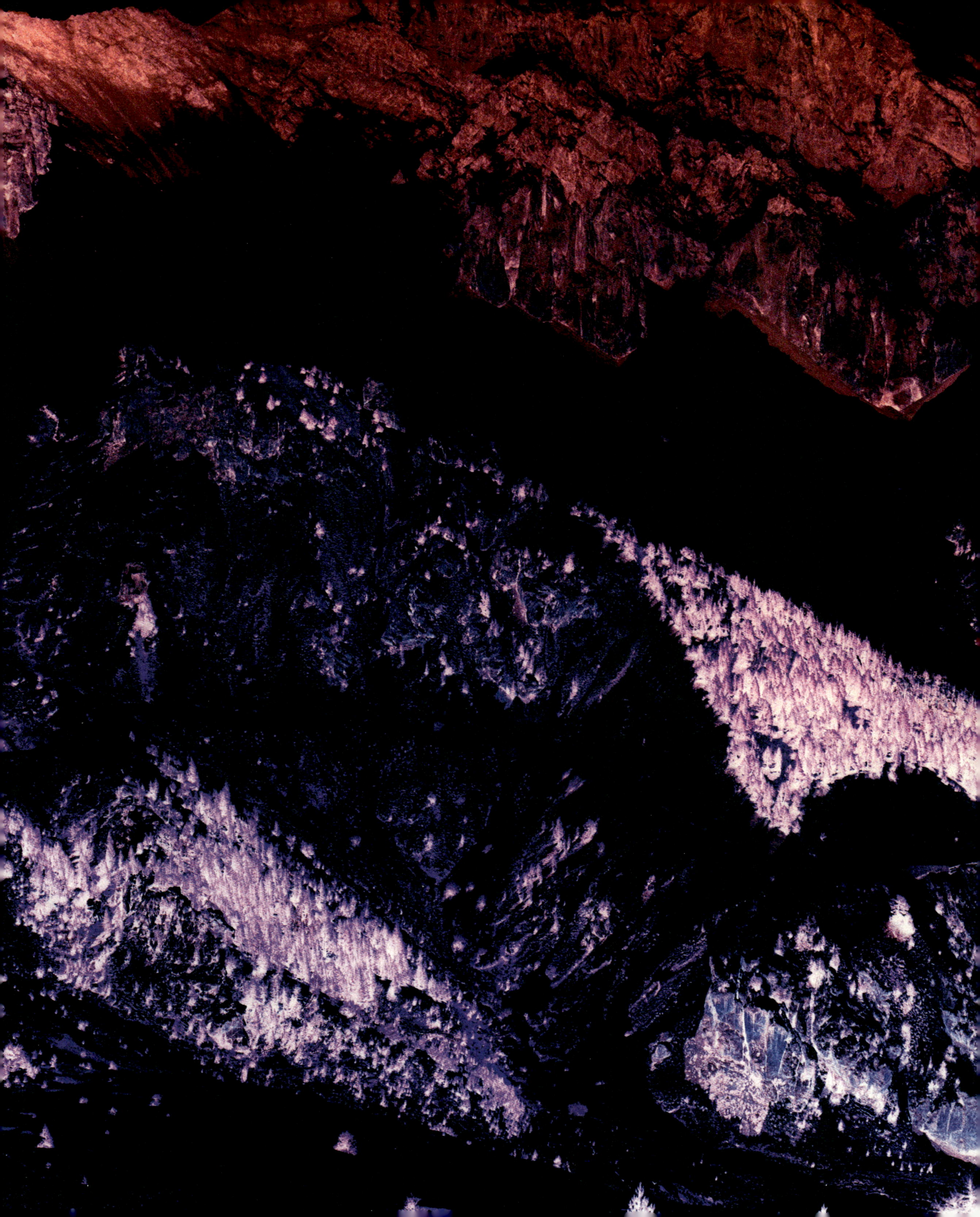

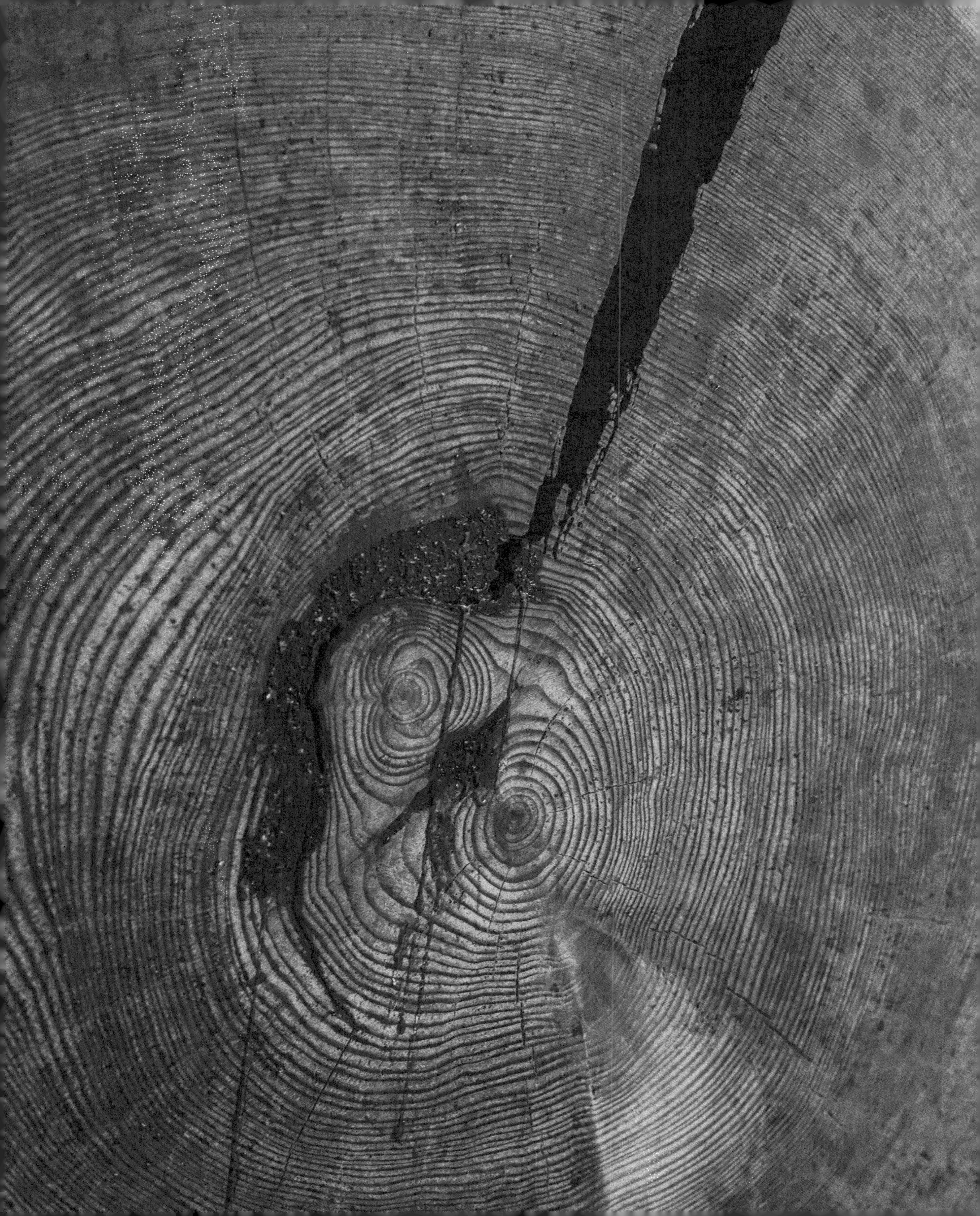

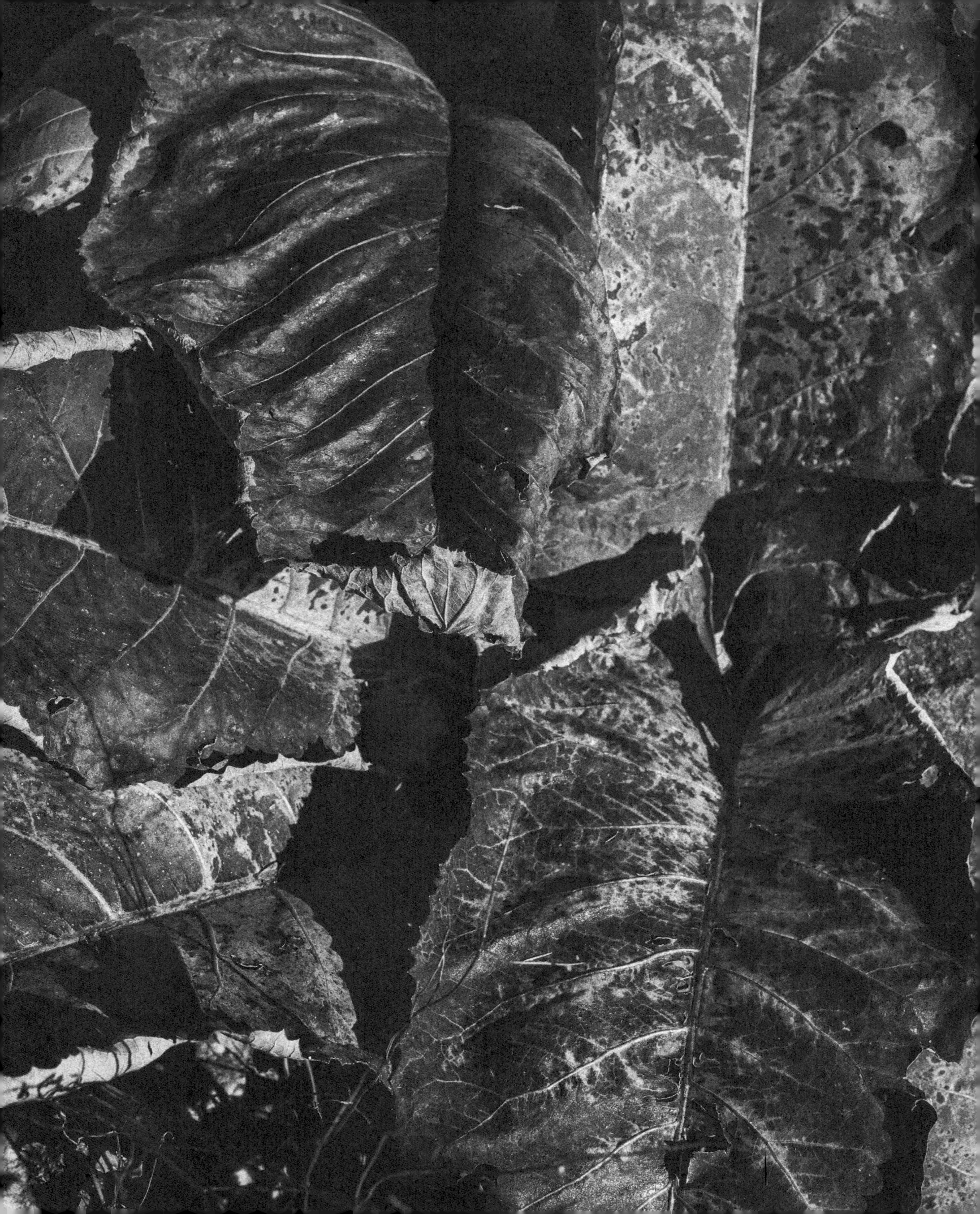

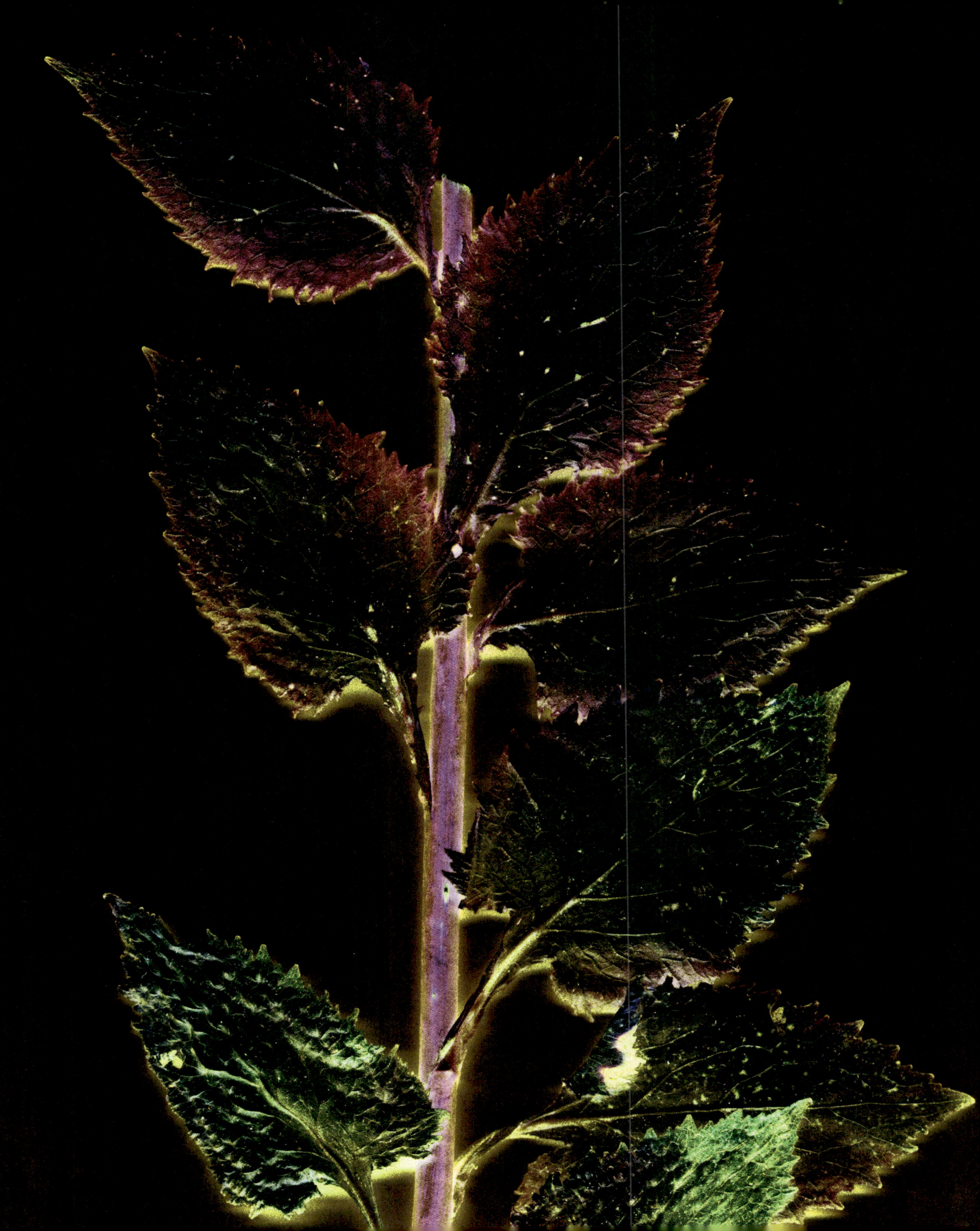

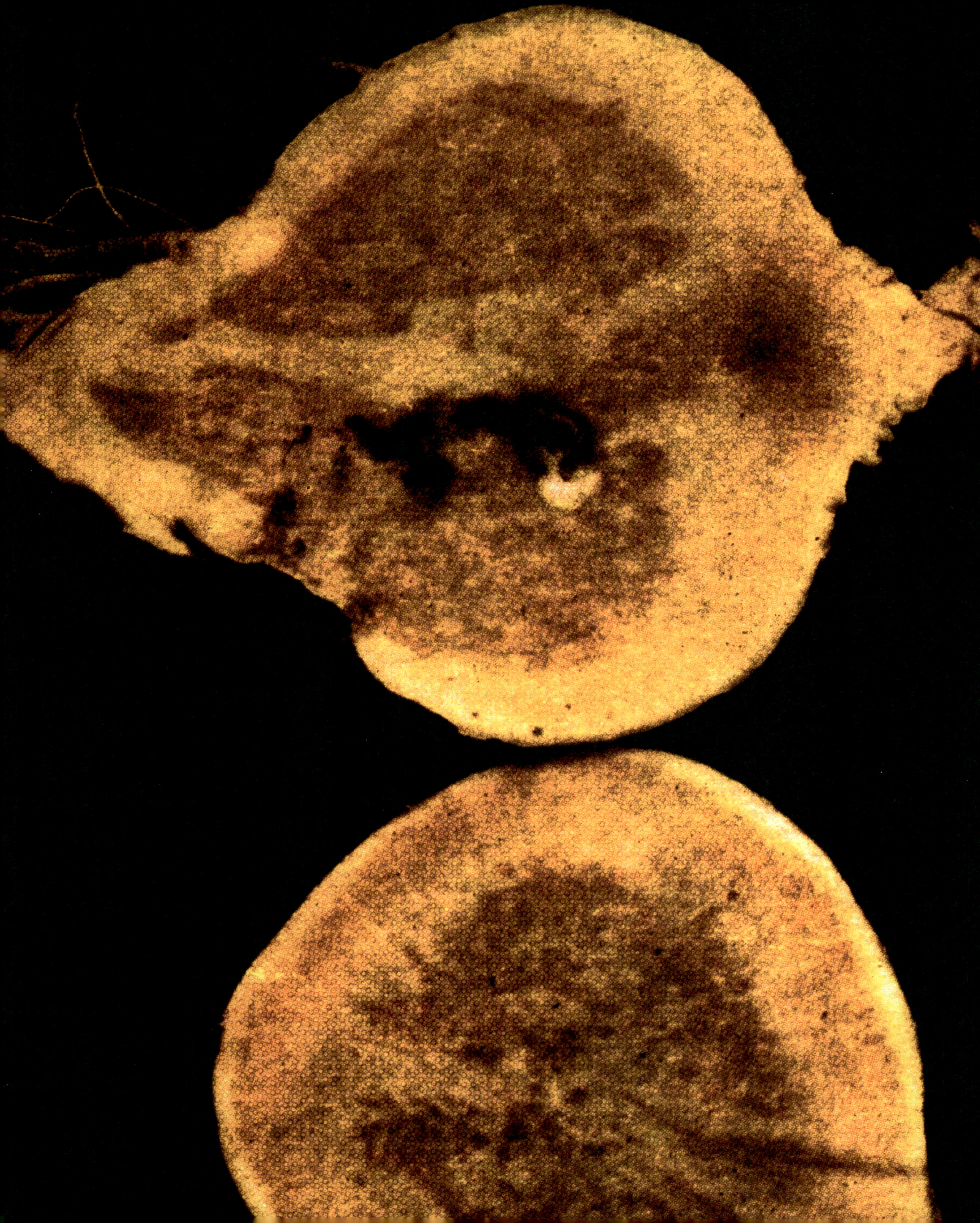

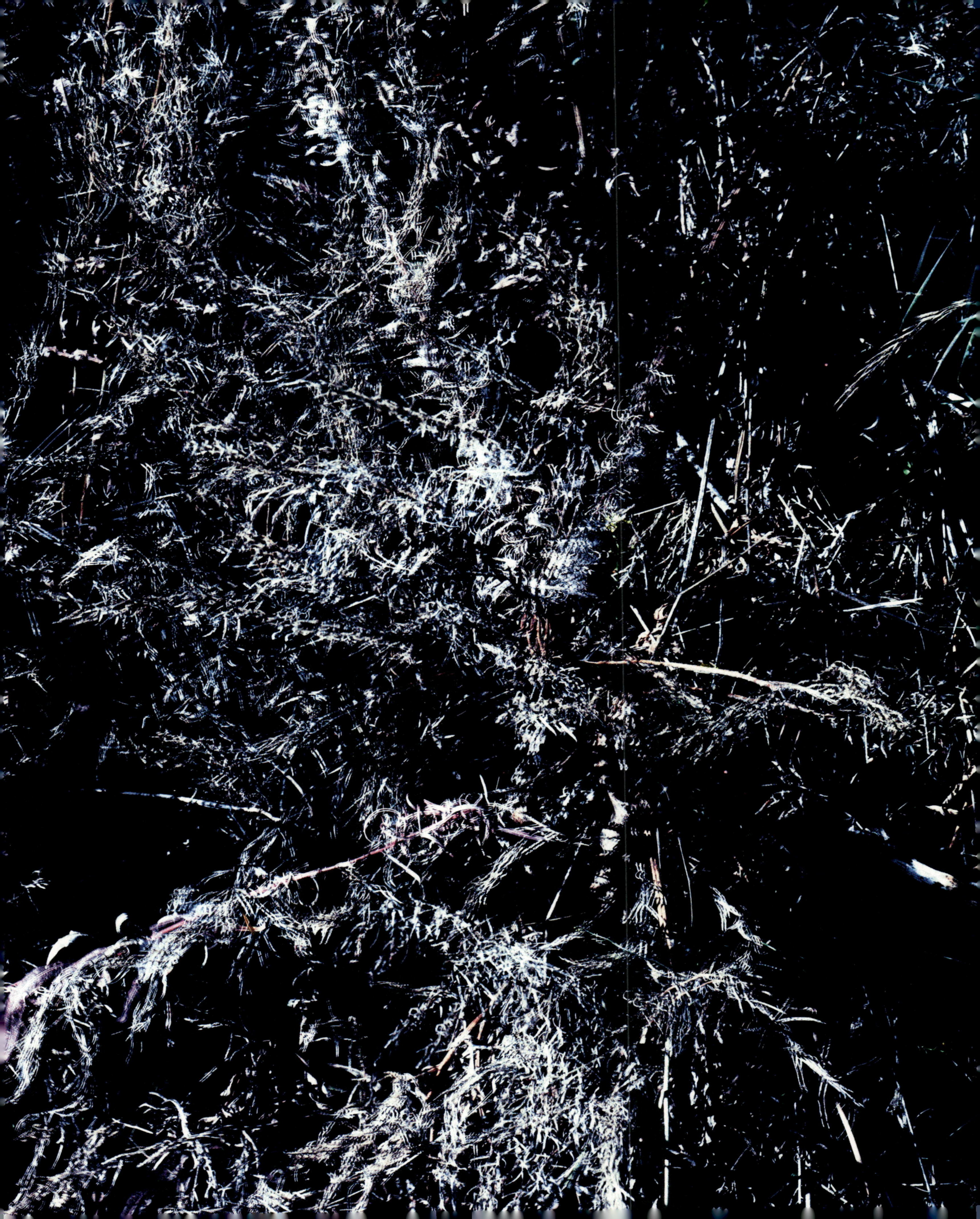

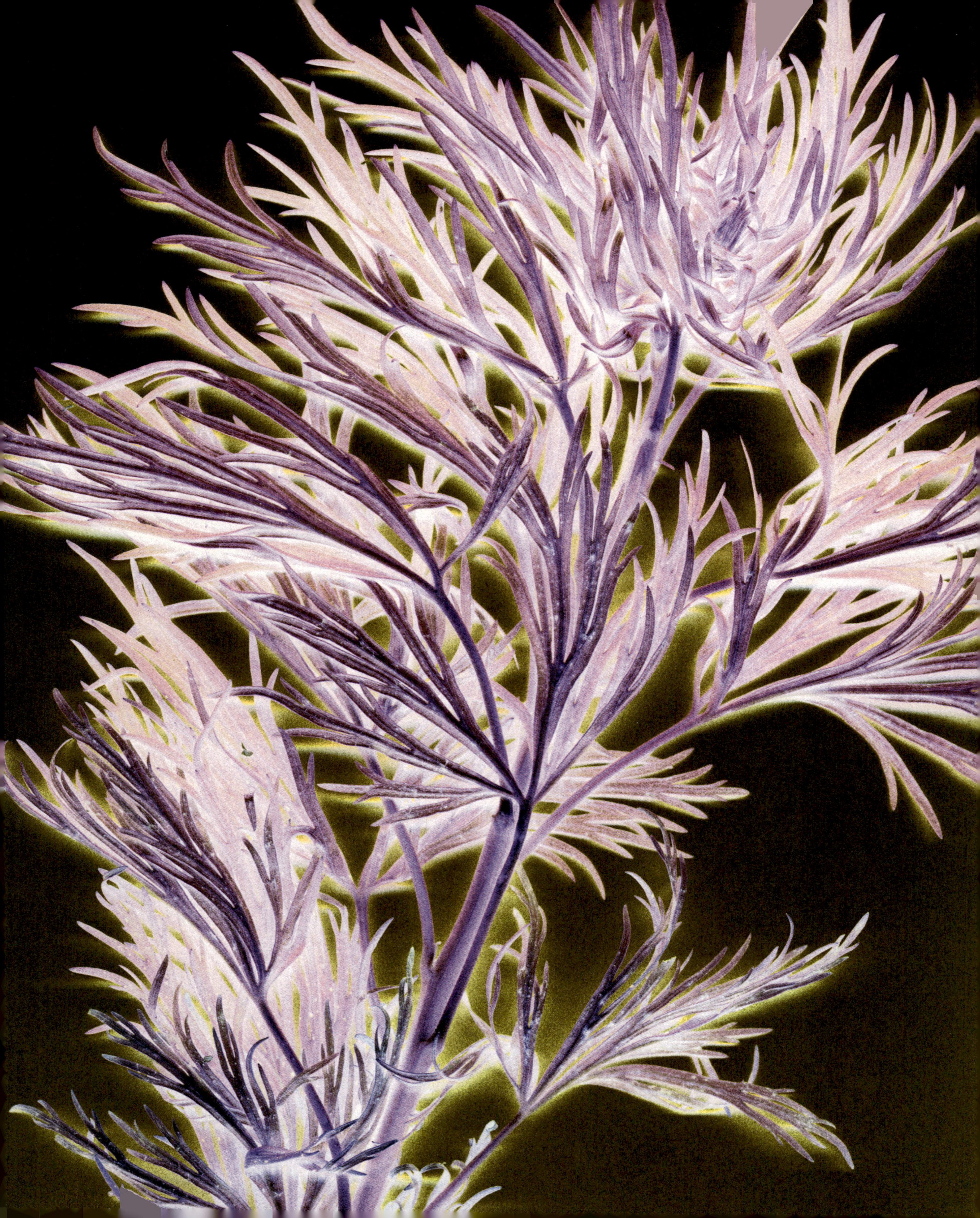

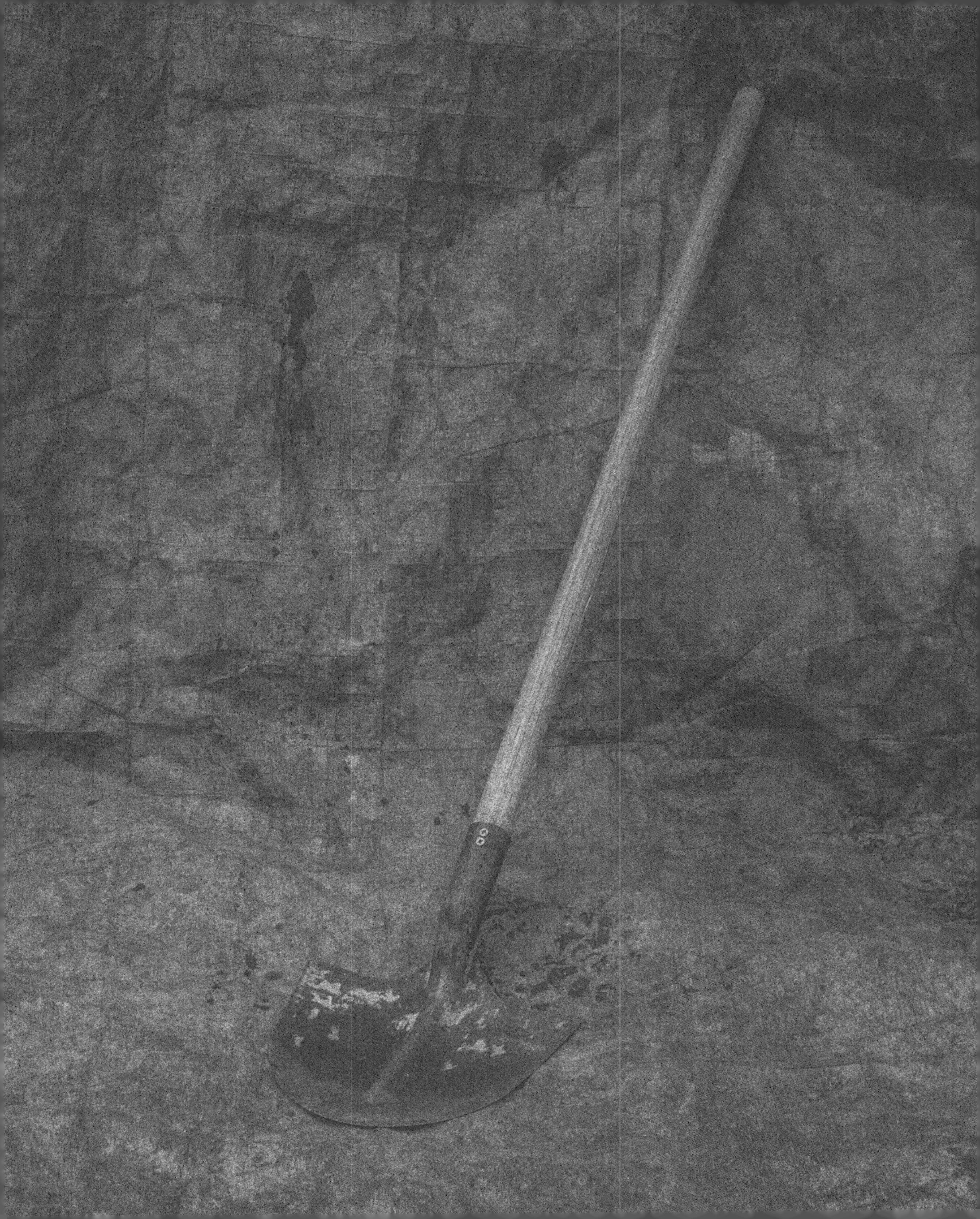

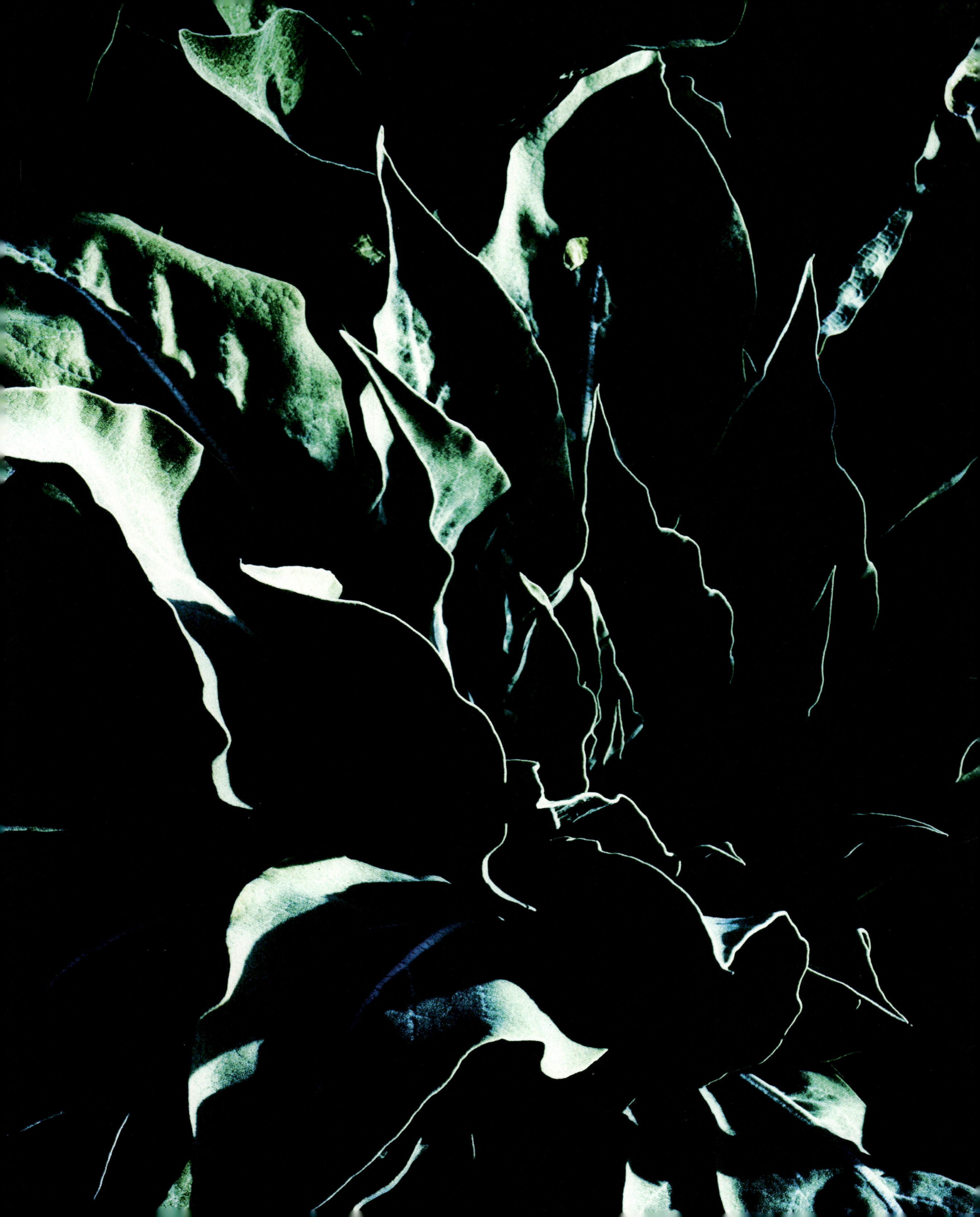

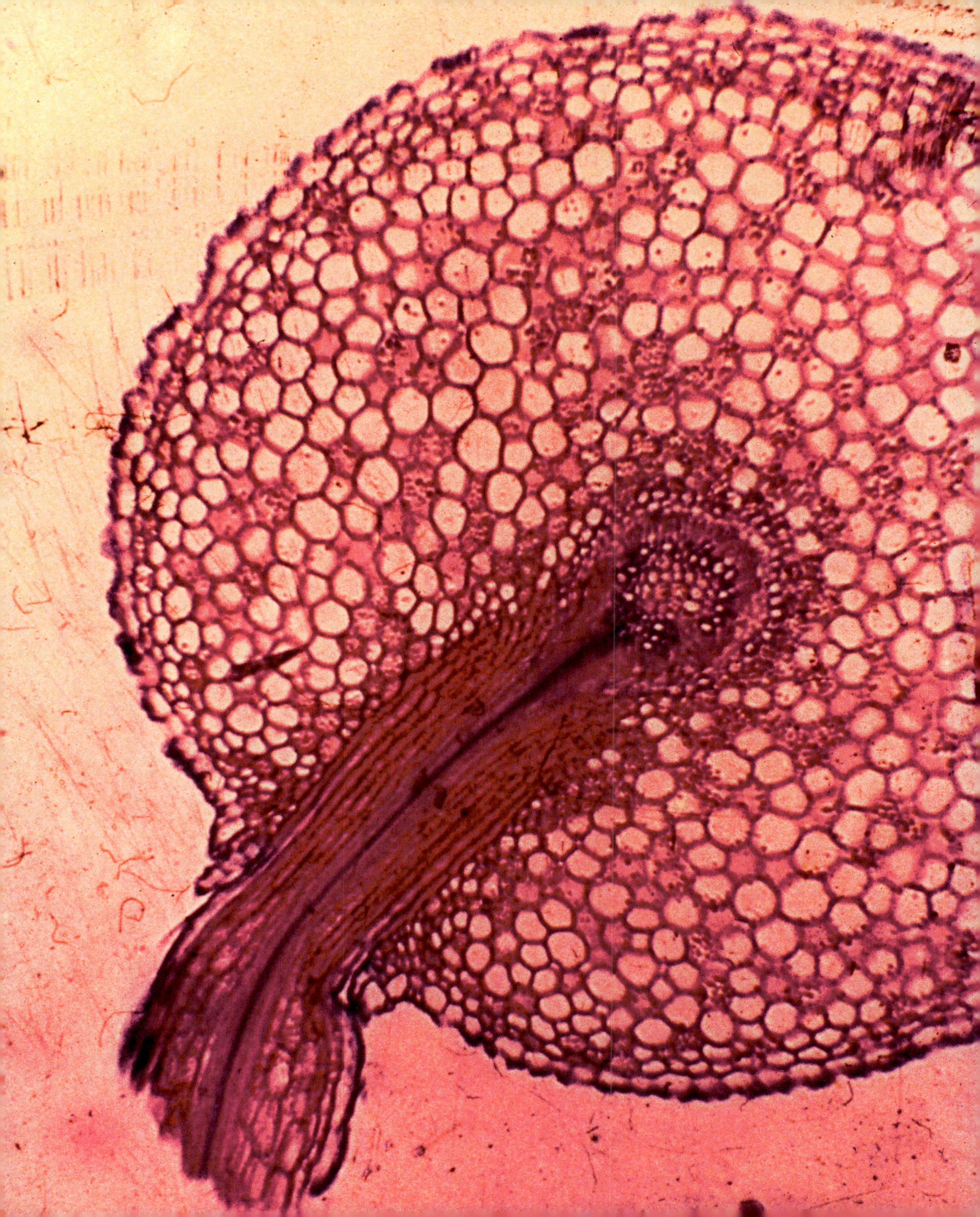

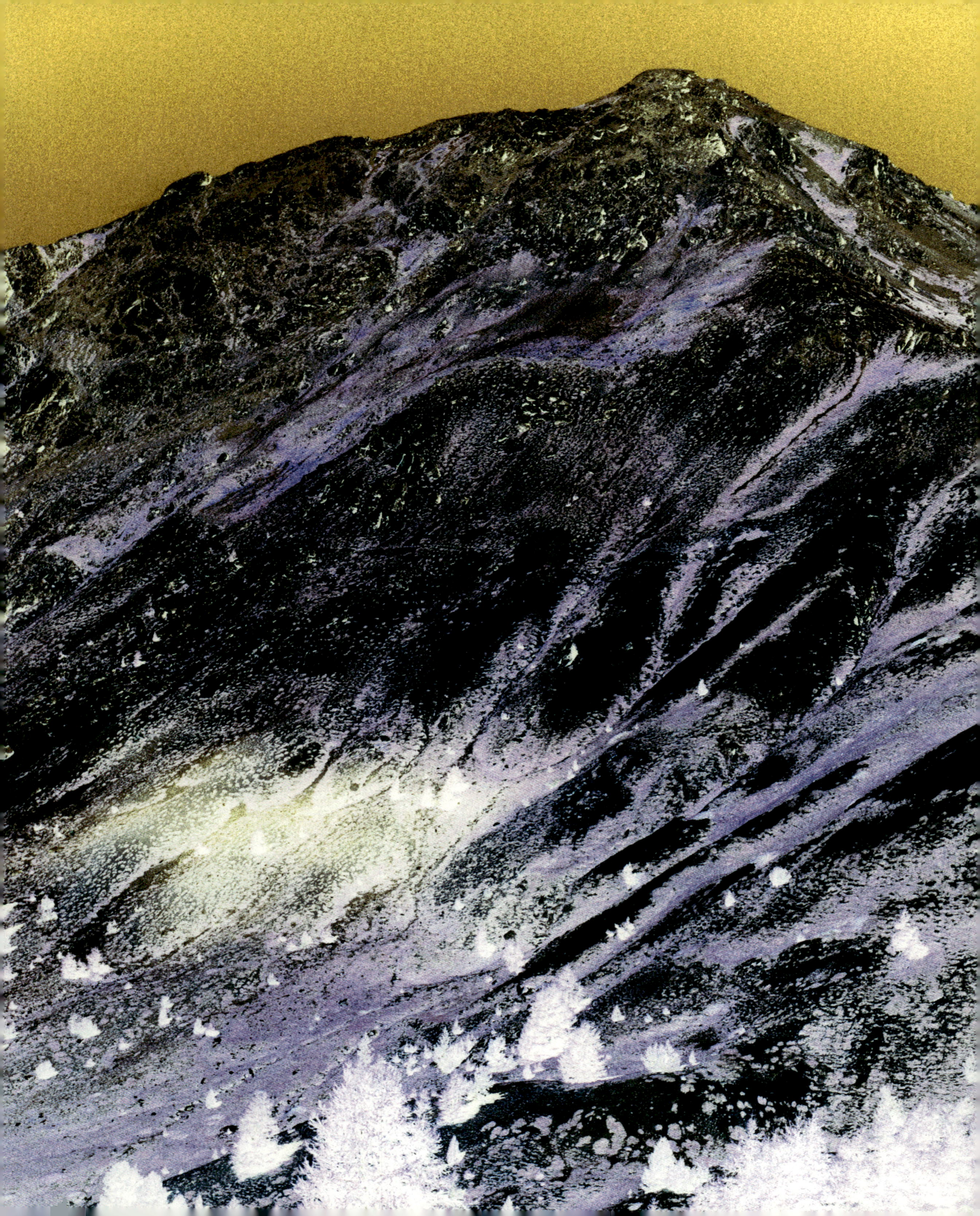

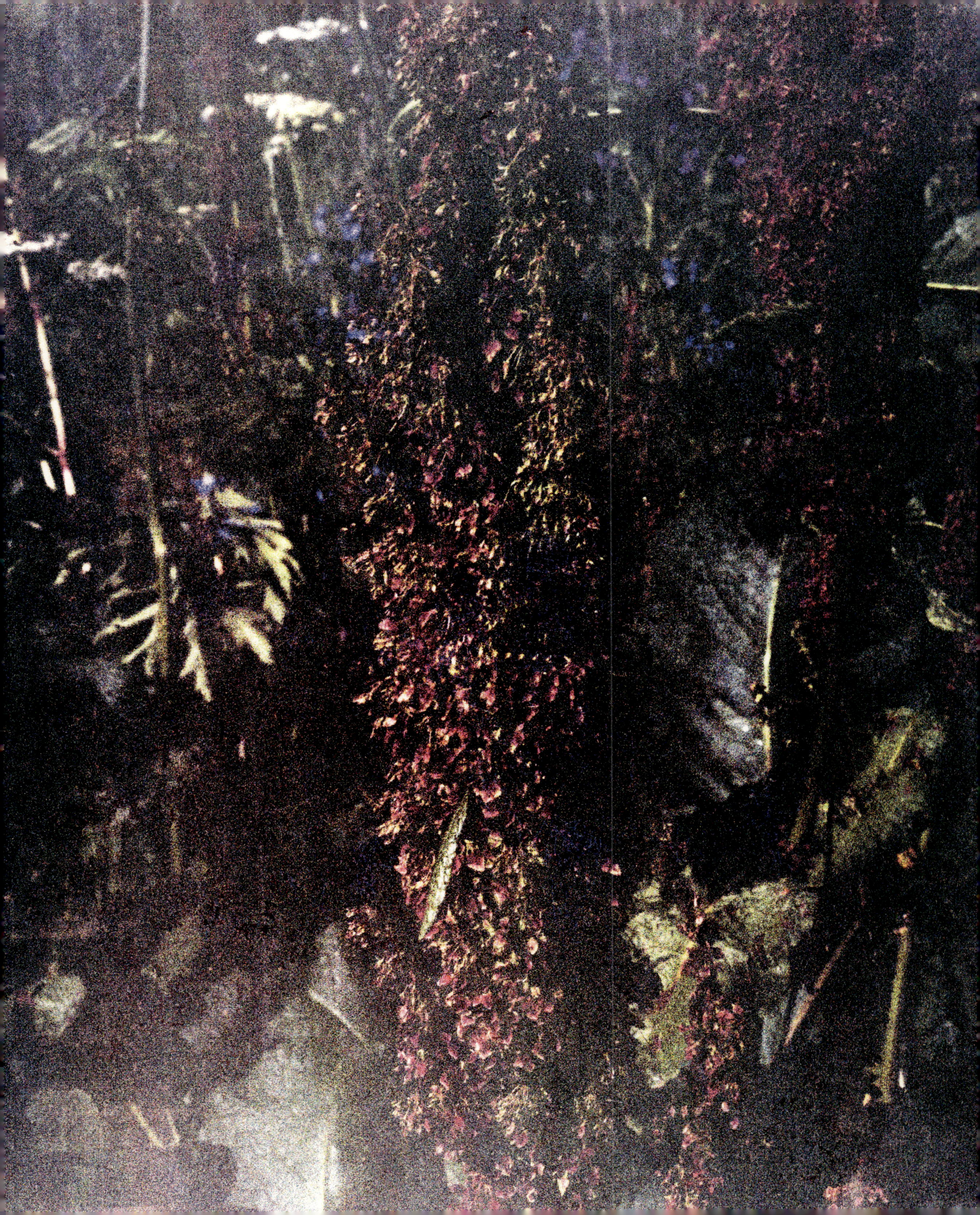

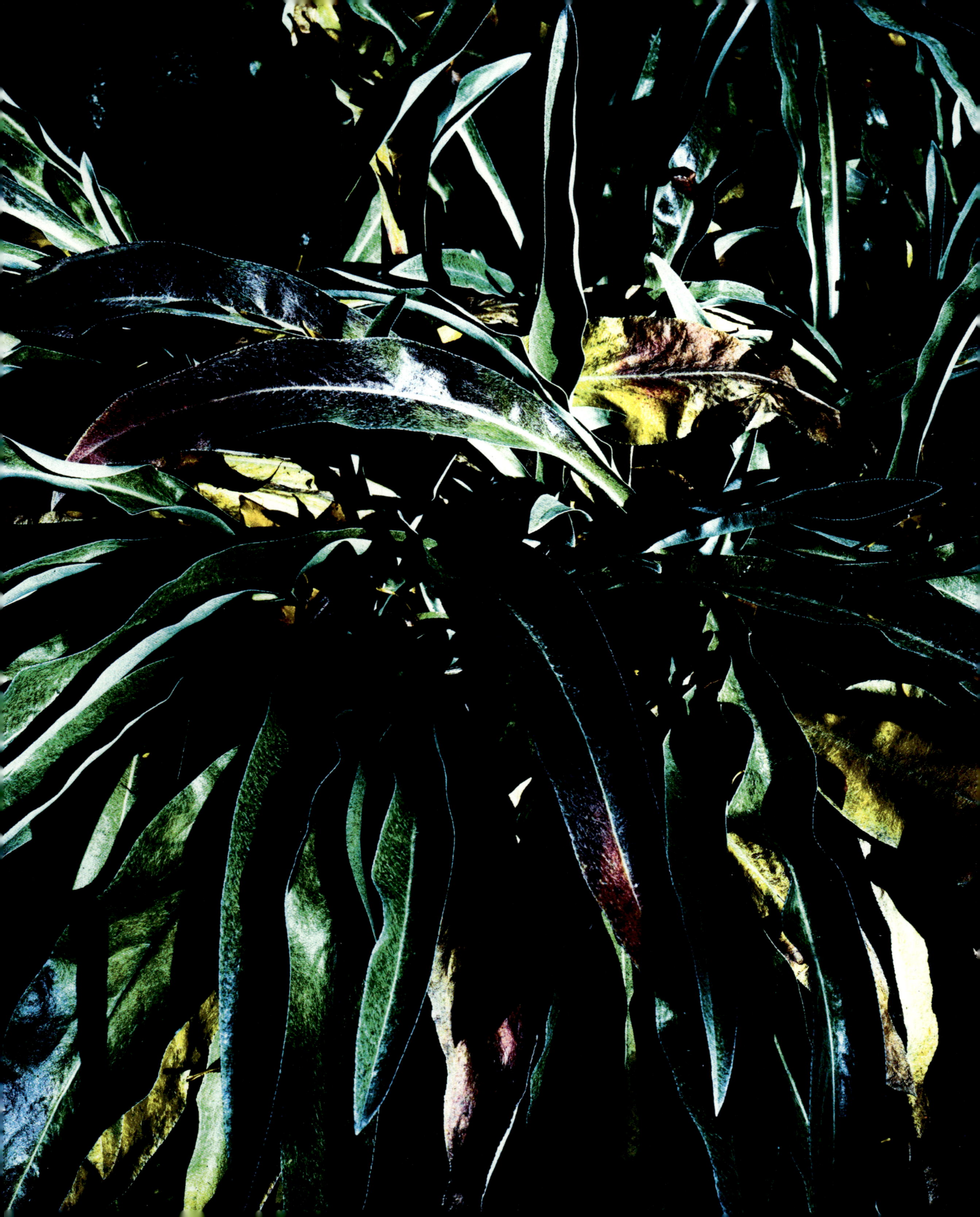

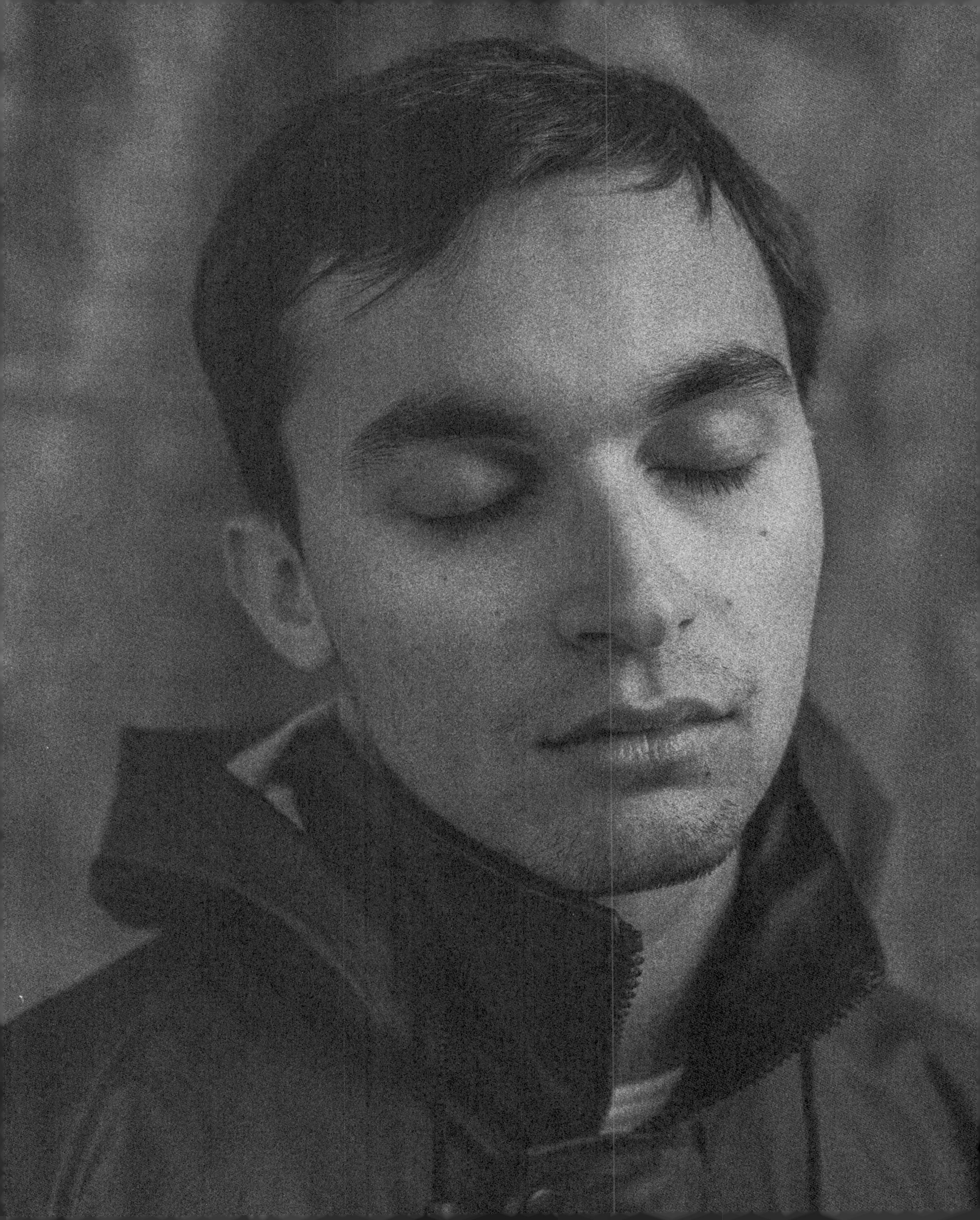